# 2009台灣觀光文化導覽手冊

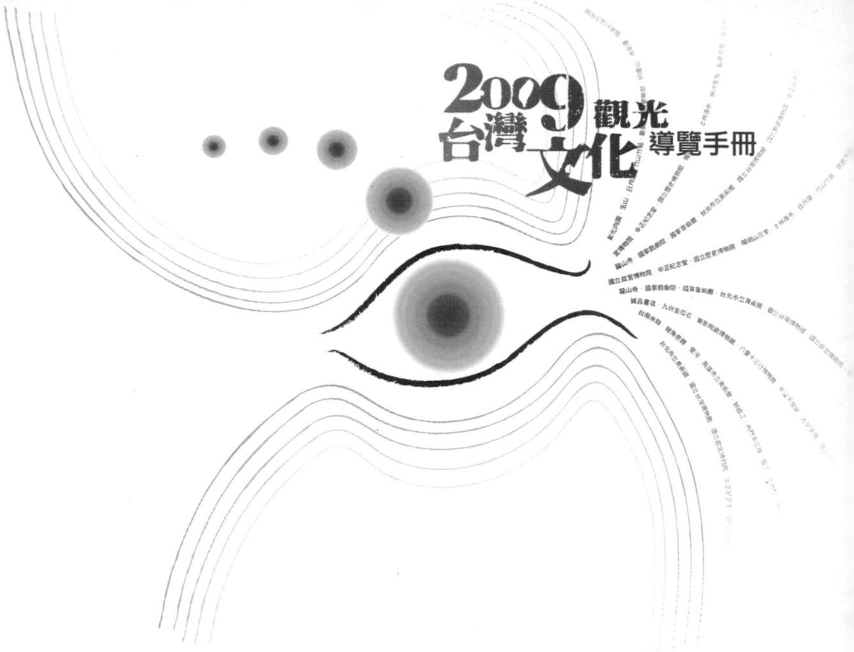

# 目次

Contents

# 序

結合了文化觀光休閒的旅遊，近年頗成風氣。這個潮流，讓更多人透過在地文化的景點、美食、市集、節慶等，實際體驗文化之美，又達到休閒娛樂的目的，十分符合文建會的期待，這也是本會推行多年的重點工作之一。

文化之所以迷人，在於它和生活緊密依存，我們既是享用者，也可以是創造者。台灣是文化觀光資源充沛的寶地，這些資源如果結合軟硬體設施，有步驟、有配套、有方法地加以整合行銷，不僅豐富了國民生活，更可將台灣創造爲近悅遠來的觀光之島。

本會因此特別推出《2009台灣文化觀光導覽手冊》，蒐錄全台25縣市著名的文化景點、文化節慶、藝文展演場所等資訊，透過在地藝文達人的引介，剖析在地文化，引領大眾一同尋幽訪勝。也希望藉由書中的文字陳述，加深讀者對人文情味及歷史藝術的體認。

也要感謝各縣市政府文化觀光相關單位對本書編撰過程的協助，使本書得以順利出版。期許這本導覽，有如好客的主人，親切地引領讀者成爲愉快的旅人、盡興的訪客。

行政院文化建設委員會 主任委員

黃碧端

# 多元薈萃

## 生活好精彩

# 台北市

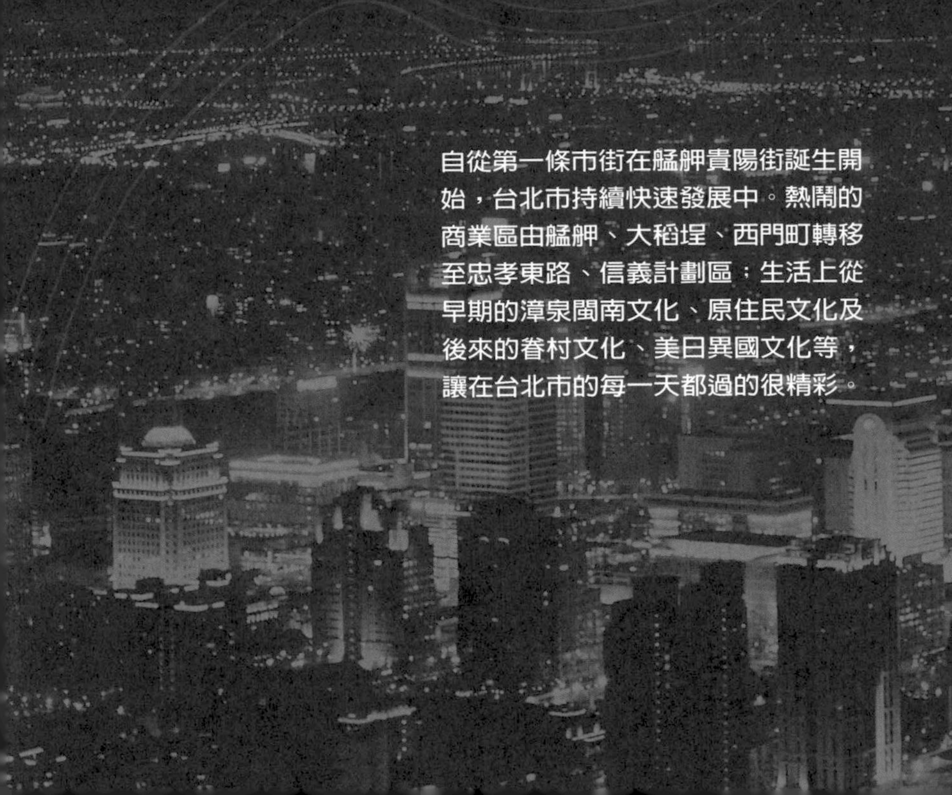

自從第一條市街在艋舺貴陽街誕生開始，台北市持續快速發展中。熱鬧的商業區由艋舺、大稻埕、西門町轉移至忠孝東路、信義計劃區；生活上從早期的漳泉閩南文化、原住民文化及後來的眷村文化、美日異國文化等，讓在台北市的每一天都過的很精彩。

台北市是座流動的城市，在快速步調中，形塑出特有的城市形象。這裡有300年歷史的庶民信仰中心的廟宇、百年前形成的創意市集，還有老建築改建的藝文新空間，也有創新世界紀錄的摩天大樓及新興商業區……，見證著台北市努力保存著舊文化，同時也正快速的創造出新風貌。



## 韓良露

熱愛飲食、旅行、電影、文學的韓良露，喜愛台北市散發的人文特質，早上可以到故宮看展、下午泡溫泉，傍晚到淡水看夕陽，晚上可到夜店放鬆，隨時都有藝文活動，隨處可見舊書店、獨立音樂行、古蹟活化等。

**私房推薦景點**

南村落（不定期舉行各種公益、飲食文化及藝文創意活動）。

01

02

01 華山文化園區。

02 艋舺龍山寺。

03 台北故事館的英國都鐸式外觀十分醒目。

## 百年古剎 信仰及生活中心

艋舺龍山寺建於清乾隆3年，供奉從晉江安海鄉龍山寺分靈來台的觀世音菩薩，為艋舺晉江、南安、惠安三邑籍居民信仰中心，雕刻考究，如前殿八角藻井、鐘鼓樓轎式屋頂及正殿圓形藻井等，蔚為廟宇建築極品之作。

建於清嘉慶10年的大龍峒保安宮，位於龍峒山之陽，供奉「醫神」保生大帝吳本，俗稱「大道公」，由福建同安籍居民從白礁鄉分靈來台，為國定二級古蹟。具清末三殿式大廟標準，1917年大修，由陳應彬與大稻埕郭塔以木雕各顯神通，是著名的對場寺廟。

迪化街上的霞海城隍廟，奉祀霞海城隍主神，也有到此專程拜城隍爺夫人的信徒，因為傳說城隍爺跟夫人是相差70歲的老夫少妻，夫人的「御夫鞋」可維繫夫妻感情。廟內的月下老人聽說特別靈驗，成為未婚男女求姻緣朝拜的廟宇，每年有超過6千對男女來此還願。

## 老建築新活用

日治時期原為民營台北酒廠的華山文化園區，因為藝文界人士推動閒置空間再利用，轉為提供給創作者、非營利團體與個人使用的展演空間，現有園區有綠地公園、戶外藝文空間及室內展演空間。

台北之家是前美國大使館官邸舊址，兩層樓的洋式建築，白色外觀加上迴廊與希臘樑柱，帶有美國南方的殖民風格，為市定三級古蹟。閒置10餘年，後由台積電文教基金會贊助，委由台灣電影文化協會經營，並將舊車庫改為「光點台北」電影主題館，主要播放另類且原創性電影，被重新定位為電影藝文空間。

位於基隆河畔的台北故事館，原為大稻埕茶商陳朝駿於1914年所建，呈現英國都鐸式外觀，為市定三級古蹟，委外經營後，不定期於此舉行各種特展。

**大龍峒保安宮**
◎開放時間：6:30~22:00　電話：(02)2595-1676

**大稻埕霞海城隍廟**
◎開放時間：6:00~20:00　電話：(02)2558-0346

**艋舺龍山寺**
◎開放時間：6:00~22:00　電話：(02)2302-5162

**台北故事館**
◎開放時間：10:00~18:00（周一休館）　電話：(02)2587-5565

04 台北市立美術館
05 北投溫泉博物館。
06 台北偶戲館。

## 回憶老時代風華

在台北市街頭，新建築旁可不經意發現古文化，北投溫泉博物館即為一例。建於大正2年，仿照日本靜岡縣伊豆山溫泉而建，為國定三級古蹟，入口處在二樓，門口設有涼亭及換鞋玄關，一樓為男女更衣室及浴池，以圓拱列柱、鑲嵌彩色玻璃營造華麗感。

2004年8月7日成立的台北偶戲館，設立經過為臺原藝術文化基金會董事長林經甫捐出其個人收藏的戲偶及文物，包含布袋戲、南北傀儡戲、皮影戲等，委由九歌兒童劇團經營管理；另一座隱身在西寧北路上兩幢4層樓建築中的林柳新紀念偶戲博物館，館內提供雕刻工坊、DIY教室、偶戲特展室、精品典藏空間及表演廳，下轄傳承台灣傳統偶戲的「台原偶戲團」及融合西方戲劇美學的「納豆劇團」。

05

06

編寫編玩

**北投溫泉博物館**
◎開放時間：周二至周日9:00~17:00（周一及國定例假日休館）　電話：(02)2893-9981

**台北市立美術館**
◎開放時間：9:30~17:30（周六延至21:30，周一休館）　電話：(02)2595-7656

**台北當代藝術館**
◎開放時間：周二至周日10:00~18:00（17：30停止售票，周一休館）　電話：(02)2552-3721

**台北偶戲館**
◎開放時間：10:00~17:00（周日、周一及國定假日休館）　電話：(02)2528-9553

**台北國際藝術村**
◎開放時間：10:00~19:30　電話：(02)3393-7377

## 北市浸淫藝術好所在

位於中山美術公園內的台北市立美術館，結合建築藝術與自然庭園，藉此傳達美術館為文化活水之意涵。入口大廳旁的展覽室有6公尺高大牆面及挑高三層樓空間，展示國際級展覽；二樓為典藏品常設展，約半年更換主題；三樓展覽室為其他主題性展出。

建於1921年的台北當代藝術館，原為日治時期專供日本子弟就讀的建成小學校，1994年移為台北市政府，如今為市定古蹟。正面廳舍整修為台北當代藝術館，是台灣第一座推廣當代藝術的美術館，結合西式廊柱與黑瓦斜屋頂，十分摩登復古。

鄰近台北車站的台北國際藝術村，為台灣第一座國際藝術村，內有舞蹈排練室、琴室、暗房及展演廳等，並提供藝術工作室，吸引藝術家進駐展現創作力量。

07 大龍峒保安宮。

08 2008台北市傳統藝術季。

09 西門紅樓。

10 誠品信義旗艦店。

## 祭典、節慶 作伙看熱鬧

每年農曆3月15日為保生大帝神誕日，特別在保安宮內舉行聖誕祭典慶祝。為了將傳統廟會注入現代人文精神，1994年開始，除了有傳統的三獻古禮、遶境、藝陣表演、過火典禮外，也有布袋戲、歌仔戲、北管戲及南北管演奏等表演，並有文物展、攝影展、古蹟導覽等，成為兼具宗教、文化、觀光、民俗特色的保生文化祭。

已舉辦18屆的台北市傳統藝術季，是目前台灣規模最大、也最久遠的傳統音樂盛會。每年4至6月於北市各區舉辦各種傳統藝文活動，內容有傳統表演，如音樂、傳統戲曲、說唱藝術等，表演場地從中山堂、社區活動中心、里民活動中心到鄰里公園，提供台北市民為期近3個月的傳統藝術饗宴。

## 創意市集 文化起飛

由日人進藤十郎所建，主體建築為十字架和八卦的西門紅樓，2008年適逢其百年紀念。原有8家店鋪的八角樓，如今成為展場，陳列紅樓相關文物；另有復古餐廳「町西茶喫」；十字樓則是藝術家創造商品之所在。另在台灣藝術市集協會規劃下，西門紅樓北廣場每逢周末便舉行創意市集，展示原創作品，不定期規劃有戶外演奏、畫作展及舞蹈等表演。

有「閱讀博物館」之稱的誠品書店，為台灣最具代表的知識補給站，強調零時差的誠品敦南店為台北市民創造了24小時不打烊的閱讀好環境。另一處由台灣玻璃常務董事林伯實、徐莉玲夫婦發起的學學文創志業，2005年成立，以文化、創意為核心，開闢各種創意課程，激盪出北市文化學習新浪潮。

10

**保生文化祭**

◎舉辦時間：每年農曆3月15日

**台北市傳統藝術季**

◎舉辦時間：每年4至6月

11 佳德鳳梨酥為台北市最佳的伴手好禮。

12 國立故宮博物院與國外設計師合作的清宮系列生活用品。

## 精彩美味良伴

台北市的特色小吃及美食，同時散發出有別於文化交融的另一種精彩。

### 牛肉麵好味道

舉辦多屆的台北牛肉麵節，讓牛肉麵與台北市更有關連。參加台北牛肉麵節的店家紛紛推出引以為傲的好滋味。

### 鳳梨酥好伴手

儘管鳳梨酥並非台北市專屬，但卻是台北市最受歡迎的伴手禮，餅皮酥鬆、內餡甜而不膩。

### 台北101好熱門

101大樓獨特的外型及其曾擁有的「世界第一高樓」稱號，為台北市必訪景點，相關紀念商品中，以風阻尼器（Wind Damper）為發想的DAMPER BABY系列商品最受歡迎。

### 故宮紀念品好時尚

擁有65萬餘件珍貴藏品的國立故宮博物院，在「Old is New」概念下，創造出文化創意產業商品，如與Alessi合作的「The Chin Family－清宮系列」，戴著官帽的清先生化身為胡椒罐、蛋杯等；鎮館之寶的翠玉白菜也在日本Hello Kitty設計公司創意下精彩變身。

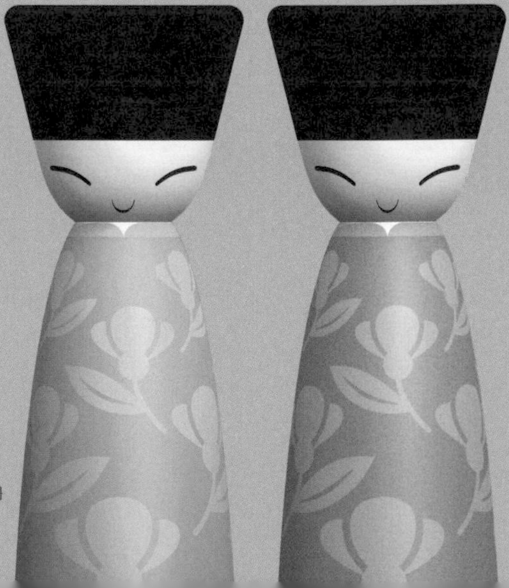

# 匯聚多元藝文

## 永續傳承

### 台北縣

內蘊29個鄉鎮市的台北縣，幅員遼闊，豐饒多元的地形景致與一鄉一特色的文化意涵，形塑出精彩的在地特色，並集結歷史古蹟、原民藝術、海岸風情、先民遺址、人文聚落與老街情懷於一身，彷若一座珍貴的文化寶庫，展現動人的藝文風采。

## 呂淑珍

投身美術教育20年。18年前搬至台北縣三芝鄉，喜歡在三芝的海浪與婆娑樹影中自在創作；2002年成立三芝文化基金會，邀集三芝藝術村中的藝術家一同策劃當地藝術。

私房推薦景點
三芝鄉楓愛林聚落、圓山頂聚落、芝蘭聚落與芝柏聚落藝術村。

台北縣人口數高居全台之冠，擁有蓬勃的生命力與都市化的文明景象，縣內同時存在著淡水古蹟園區、十三行博物館、鶯歌陶瓷工藝、黃金博物館、烏來泰雅文化等藝文設施，令台北縣成為以繁華與精彩藝文相互妝點而成的藝術大縣。

01

01 前清英國領事官邸。

02 「十三行遺址」為台灣史前鐵器時代的代表文化。

02

## 十三行博物館—探先民遺跡

要體驗台北縣是文明城市的印證，不妨先造訪位在八里的十三行博物館。1957年，地質學者林朝棨在此勘查出先民遺蹟，定名為「十三行遺址」。經過考古學者陸續挖掘出古文物與墓葬遺物，推測其為距今1800年至500年前台灣史前鐵器時代的代表文化。

1989年至1992年，八里污水廠規劃興建於十三行遺址上方，經過抗爭，終於在2003年創立十三行博物館，展示「人面陶罐」、「屈肢葬」等重要出土文物，更以象徵山與海、過去與現在的建築群、傾斜的八角塔、尖銳的清水模牆面等，營造出體會歷史意涵。

## 社區營造後的淡水古蹟博物館

淡水先後遭受西班牙人、荷蘭人與漢人統治與開港通商，為北區較早開發之處，具有洋樓、教堂與廟宇等多重韻致的小鎮情懷。

淡水古蹟博物館是知名的淡水文化景點，以社區總體營造串連出地方歷史古蹟。民國94年，已登錄的紅毛城、前清淡水關稅務司官邸（小白宮）及滬尾砲臺等三大古蹟被重新定位，並整合成「淡水古蹟博物館」，創造出更精彩及整體性的在地文化資產。

其中的紅毛城曾獲選為台灣世界遺產潛力點之一，為荷蘭人因軍事需要而興建的紅磚城堡，英國人將其改成領事館，使得紅毛城同時擁有軍事防守、地牢等特色；前清英國領事官邸，是英國在台建造的最後一座官邸，閩式紅瓦屋頂、英式迴廊，是典型的殖民地樣式建築；清法戰爭後所興建的滬尾砲臺，目的在於強化海防。



**十三行博物館**

◎開放時間：每周二至周五、國定假日及補假日9:30~17:00、每周六至周日9:30~18:00（4至10月的夏季延長開放時間、閉館時間順延1小時）

◎休館時間：農曆除夕、初一、選舉日、每周一（周一逢國定假日及補假日，照常開放）

◎電話：(02)2619-1313

**淡水古蹟博物館**（淡水紅毛城、滬尾砲臺、前清淡水關稅務司官邸）

◎開放時間：每周二至周日，9:30~18:00（紅毛城室外開放至22:00）

◎休館時間：農曆除夕、初一、選舉日、每周一（周一逢國定假日及補假日，照常開放）

◎電話：(02)2623-1001

03 昔日有「小上海」之稱的九份，越夜越美麗。

04 遊客可親身參與金瓜石本山五坑體驗。

05 平溪天燈節萬燈齊放之美。

## 戀上九份 見證昔日輝煌

曾因開採金礦而備受注目的九份，見證台灣躍升為亞洲金都的絢麗盛景。1890年，從一處原先只有九戶人家的貧窮村落，因挖掘到金脈而揚名，採金潮帶動繁華；夜晚時分，燈火通明，又有「小上海」之美名。

隨著金礦業沒落而蕭條的九份，因國片「悲情城市」在此拍攝，進而喚起人們的懷舊記憶，沉寂的小鎮再度獲得遊客青睞。依山而建的石頭厝、廢棄的礦坑、錯綜複雜的窄巷，還有芋圓、草仔粿、木屐與金屬工藝等特有小吃、藝品及文化產業等，獨特的人文風情交織出令人動容的山間風光。

## 金燦奪目的黃金山城

金瓜石至九份的溪流是當時砂金產地，為了重現百年來的淘金史，應運而生的台灣首座以生態博物館為理念的黃金博物館，以金瓜石礦業歷史與黃金為主題，納入自然環境與聚落發展，可親自進行淘金與本山五坑體驗，同時也不能錯過太子賓館與金瓜石黃金神社。

太子賓館為日治時期招待日本皇太子視察金瓜石礦業所設置的行館，檜木為主要建材，是台灣現存首屈一指的日式高級木造建築；遊逛完後，可再從本山五坑前往參觀於1926年落成的黃金神社，主祀日本礦業守護神，從中可知當時在台日本人的精神信仰。

## 平溪老街的平溪天燈節

同樣也因煤礦的開採而牽動在地產業發展的平溪鄉，也興建了台灣煤礦博物館，展現昔日被稱為「黑金產業」的採礦盛況。平溪支線、礦業城鎮背景與每年一度舉辦的天燈節，使得台北縣躍升為台灣文化觀光大縣。

因為運輸煤礦而興建的平溪支線鐵路，如今成為串連大華、十分、望古、嶺腳、平溪至菁桐等觀光路線的重要工具。每年2至3月間舉辦的平溪天燈節，一盞盞載滿祝禱心願的祈福天燈，隨著風勢緩慢升空，美景令人讚歎。

## 深坑老街上的國家古蹟

坐落在台北盆地東南邊緣的深坑，地勢猶如坑底而得名，為全國最小的鄉鎮，早期房屋為草厝組成，重建時蓋成瓦屋，以土角磚製成牆壁，此即「土角厝」。直到日本人實施街道改正計畫後，改建成有亭仔腳的立面街屋，形成如今的深坑老街，老街以豆腐多吃聞名，純手工鹽滷，散發特殊焦味，是知名美食。

深坑另一處知名景點為運用大量的磚、石材、磚飾、石雕與剪粘手法，並使用當時少見，供架槍發射的銃眼等防禦設施的黃氏永安居，被列為國定三級古蹟。

**黃金博物館**

◎開放時間：周二至周五9:30~17:00，周六至周日9:30~18:00

◎休館時間：農曆除夕、初一、選舉日、每周一（周一若逢國定假日及補假日，照常開放）

◎電話：(02)2496-2800

**黃氏永安居**

◎開放時間：周六、周日與假日9:00~17:00，其餘時間得申請參觀

◎電話：0910-011-990

**台灣煤礦博物館**

◎開放時間：周一至周日9:00~17:00

◎電話：(02)2495-8680

06 板橋林本源園邸盡顯富貴人家庭園樣貌。

07 林本源宅第內有三落大厝、迴廊、榕蔭大池。

08 陶博館精心規劃的主題展覽，讓人體會陶藝風情。

## 烏來泰雅文化的原鄉風韻

烏來是北台灣著名的旅遊勝地，集天然景觀、原民文化與溫泉資源於一身，還有知名的碳酸氫鈉泉，讓人一享溫暖泡湯樂趣。

烏來是泰雅族的傳統聚落，老街上的原民特色商店與餐飲林立，小米麻糬、竹筒飯、小米酒與泰雅族擅長的原民編織工藝品等，洋溢原鄉風情。老街上有一座於2005年開館的烏來泰雅民族博物館，陳設泰雅族的發源地、烏來自然生態景觀、祖靈祭、泰雅紋面、泰雅家屋、織布展與其他特產等，讓人從中體會對原民文化的認知，進而產生尊重。

## 最完整的園林建築 林本源園邸

板橋的林本源園邸又稱為「林家花園」，是目前全台僅存最完整的園林建築。創建於1847年，仿傚古時豪門富商為追求生活享受而興建精緻的園林庭園，用以招待官家或商賈，三落大厝、迴廊格局、榕蔭大池等江南庭園風格，盡展主人家的奢華樣貌。

經過多次的整飾及修建，現已恢復昔日部分舊貌，被列為國定二級古蹟。

## 鶯歌石傳說與古厝風情

位在大漢溪下游的鶯歌，因北面山脈斜坡有一巨石，狀似鷹鷲而稱為「鶯歌石」，並引此為鎮名。相傳鄭成功軍隊行軍至此，因鶯歌石吐出的瘴癘之氣使軍隊受阻，鄭成功命人開炮轟斷鶯歌石頸部，瘴氣才得以消散；同時，鶯歌也流傳著，石上的數處岩洞是日本人戰敗後藏金的藏寶所在，為其增添神秘色彩。

來鶯歌，除了一探鶯歌石傳奇外，興建於日治時期的汪洋居、成發居也是著名建築。汪洋居是從事米穀大盤交易而致富的余海萶所

08

建，中西合併的紅磚建築盡顯奢華；成發居由在地望族陳發興建，閩南式、五間房相連的紅磚白建築，一覽人文與產業結合的文化古蹟。

## 台灣陶都—鶯歌陶瓷博物館

被譽為「台灣陶都」的鶯歌，早在清嘉慶年間就已開創陶瓷生產，1960年代，陶瓷工廠數量激增，其中以文化路、重慶街為鶯歌最早的陶業聚集地，目前則轉型為觀光性質的陶瓷老街。悠遊其中，除了可欣賞陶瓷藝品的古樸之美，附設的陶藝DIY教室則讓人親探陶藝之文化內涵。

1988年，鶯歌創建全國首座的現代化陶藝博物館—鶯歌陶瓷博物館，舉著鶯歌的窯火華光，展現風爐、陶土與釉彩交融，建築形式以清水模、鋼骨架與透明玻璃為主軸，讓空間產生無限延伸的虛實變化。後方的陶瓷公園，則以陶藝、泥土、水與綠意展現人為創作與自然的平衡，讓陶藝不只是藝術，同時也落實於生活之中。



**烏來泰雅民族博物館**
◎開放時間：每周二至周五：9:30~17:00、周六至周日9:30~17:00
◎休館時間：農曆除夕、初一、選舉日、每周一（周一若逢國定假日及補假日，照常開放）
◎電話：(02)2661-8162

**林本源園邸**
◎開放時間：周二至周日9:00~17:00
◎休館時間：農曆除夕、初一、選舉日、每周一（周一若逢國定假日及補假日，照常開放）
◎電話：(02)2965-3061

**鶯歌陶瓷博物館**
◎開放時間：周二至周五9:30~17:00、周六至周日9:30~18:00
◎休館時間：農曆除夕、初一、選舉日、每周一（周一若逢國定假日及補假日，照常開放）
◎電話：(02)8677-2727

09 阿婆鐵蛋為淡水知名小吃。
10 三峽金牛角為三峽老字號美食。

## 代代傳承的北縣美味

地廣物博的台北縣，擁有許多年過半百的知名美食店家與伴手好禮。

### 淡水阿給與阿婆鐵蛋

包覆著吸滿湯汁的冬粉，蒸熟後加上一瓢甜醬、辣醬與醬油的阿給；放置在多種中藥滷汁內熬滷，再經烤箱燻烤而成的鐵蛋，為淡水美食代表。

### 板橋長興餅

已傳承三代、具百年歷史的板橋長興餅店，最知名的是豆沙餅，香醇的餅香成為板橋人回鄉探親的伴手禮。

### 天然蒟蒻禮盒

原為沿街叫賣麻糬起家的三叔公食品公司，結合寒天與凍花果研發出寒天蒟蒻禮盒，用創意留住美味。

### 金蕎黃金帝王酥

金蕎的黃金帝王酥，外皮酥爽、內餡飽滿，有日式手工麻糬、夏威夷豆等多元內餡。

### 金三峽牛角麵包

三峽老字號群翊麵包工藝社製作的金三峽牛角麵包，渾厚的嚼勁與奶香，令人難忘。

# 港邊文化 獨領風騷

## 基隆市

以海為生的基隆市，廟宇文化為其文化主軸；曾經位居軍事戰略位置的地理優勢，使得歷史遺留下的砲台古蹟成為在地文化特色。當砲火褪去後，安居樂業下所創造出的廟口飲食文化，成為基隆市城市演變過程中的最佳寫照。

## 謝源張

目前在基隆社區大學授課，致力推廣中元普渡文化──看桌米雕，希望更多人知道這項在地技藝。看桌米雕就是捏麵人的正式說法，用於中元普渡祭拜桌上的祭品，以硬糯米做成三牲或水果狀。

私房推薦景點

基隆廟口的多元小吃，以及可遠眺基隆市景的中正公園是必遊之點。

曾經位居重要戰略位置的基隆市，面海的山頭，地形越是險惡者，越有設立砲台的絕佳優勢。如今，當戰火消退，這些軍事砲台的遺蹟成為後人休憩及觀光景點。以海維生的基隆人，對於傳統廟宇有著深厚的情感，由廟口發展出來的特色小吃，更是基隆人引以為傲的美食代表作。

01 獅球嶺砲台，能控制整個基隆港，有「獅嶺匝雲」之說。

02 大武崙砲台古蹟。

03 槓子寮砲台現景。

02

## 軍事砲台 鎮守沿海安全

03

為國定二級古蹟的大武崙砲台，位於大武崙山巔，西瞰情人湖，北邊俯視大武崙澳，東邊覽望基隆港及東海，扼守基隆港西側安全。山頂的砲台區，可看到以石塊堆砌的砲台結構、砲盤、儲彈室及運輸砲台等；目前雖已不見大砲，地面尚留有明顯的砲架痕跡。登上環道短牆可一覽基隆嶼、外木山澳漁村等風光。

二沙灣砲台建於中英鴉片戰爭時，砲台建在高地勢的臨海面，營盤改在較低的背海面，當砲彈攻來，只會落在面海山頭，或是越過山頭而落在山谷裡，確保營區安全。城牆以砂岩丁順砌而成，以三合土砌接，類似傳統的環繞城牆，沿梯走至城牆頂，可俯瞰港口，感受如城門上所提之「海門天險」氣勢。全區步道林木密布，可看到砲台區、彈藥區、古墓、古井、營盤區、雉堞及馬道等。

槓子寮砲台是基隆砲台中保存最完整，同時也最具規模者。清領時期已經存在，日治時期曾整修過，台灣光復後有國軍據守，之後廢置多年。砲台區位在稜線上，沿著稜線可看到基隆嶼，並可俯瞰八斗子漁港全貌。

04 大武崙砲台可眺望遼闊海景。
05 護國城隍廟。
06 獅球嶺砲台由山岩建築而成。

## 劉銘傳隧道 第一條鐵路專用隧道

劉銘傳隧道，又稱「獅球嶺隧道」，藏於林蔭之中，卻在台灣鐵路史扮演重要地位。

台灣巡撫劉銘傳為推廣台灣鐵路，先建設基隆經台北至新竹路段，其中基隆處的獅球嶺隧道一開就是30個月，從光緒14年春動工至16年夏才完成。當時在隧道開通上，因土質及地點特別，北段為堅硬岩石，南段為潮濕的軟土，兩處洞口均在山坡谷地間，耗時且費力。完工後的獅球嶺隧道為台灣第一條鐵路專用隧道，也是僅有的清代鐵路隧道，可從北口進入隧道內參觀。

## 獅球嶺砲台、城隍廟庇佑基隆

有「獅嶺匝雲」之稱的獅球嶺砲台，可控制整個基隆港。清光緒10年，因法軍進犯台灣，為加強海防而設，建材為山岩，歷經百餘年依然堅固。不遠處的平安宮供奉福德正神，是基隆市最大的土地公廟。

護國城隍廟於清光緒13年由仕紳捐建而成，居中的黑面神像是護國城隍爺，傳說是清朝時的基隆廳通判包容，廟內神像雕刻細膩，依人身比例完成，右三尊為洋式刻法，左三尊為中式刻法。廟樑上則掛著一個大算盤，代表「算盡人間真假善惡，惡人無可僥倖」之意。

07 廟口的飲食文化，以閩粵移民飲食為基礎，並融合各地美食。

08 廟口的鼎邊趖配料豐富，為基隆在地美食代表。

## 品嚐基隆好滋味

小吃幾乎伴隨在廟口旁，隨著香客而聚集，基隆廟口極為典型代表，廟埕擴張到仁三路、愛四路上，位居中心的廟宇則為奠濟宮。

### 李鵠餅店 美味傳千里

距廟口不遠處的李鵠餅店的鳳梨酥備受好評，其他受歡迎的產品還有綠豆椪、咖哩酥等。

### 泡泡冰

廟口的泡泡冰可說是綿綿冰的始祖，一年四季都熱賣，以紅豆、綠豆、花生最受人歡迎。

### 鼎邊趖

「趖」為台語「游動」之意，意指米漿沿著鼎邊翻滾。於鼎中置水，鼎邊添火加熱，抹油後，將米磨成米漿，沿鼎邊翻滾，遇蒸氣蒸烤，風乾後再剪成塊狀。煮時，為豐富口感，會搭配各式配料。

### 甜不辣

把魚漿製成圓形，上桌前先入油鍋炸至外酥後，淋上特調醬汁，附上小黃瓜後即可食用。

# 族群融合
# 文化開花

## 桃園縣

由13個鄉鎮市所組合而成的桃園縣，位居南北交通要塞，地利之便，開發時間早，匯聚諸多族群及其文化，例如客家文化、原民文化、眷村文化、河洛文化等，相融的多元文化，也成為桃園縣最引以為傲的文化資產。

## 邱傑

曾任聯合報記者、主編，退休後專事寫作與繪畫，作品多與故鄉桃園相關，創辦《文化桃園月刊》，專欄介紹在地藝術工作者及文化景點。

**私房推薦景點**

北岸落日，即新屋溪北岸，有沙洲、河口、白鷺林、紅樹林，是觀賞海峽夕照最美之處。

桃園縣是感受族群文化與自然生態的首選之地，有獨特的農田灌溉用「埤塘」景觀、媲美江南風情的大溪慈湖，也有著一畦畦迎風搖曳的蓮花池；加上多元族群融合，古厝、祖堂、寺廟等古蹟林立，造就客家文化節、眷村文化節等值得玩味的慶典。

01 桃園觀音鄉蓮花季吸引眾多賞蓮人潮。

02 蓮座山觀音寺順著地形興建成五門單殿式。

03 景福宮主祀開漳聖王。

02

## 記載移民史的寺廟文化

宗教信仰是認識地方移民的源頭，蘆竹五福宮與桃園市古老地標的景福宮正是桃園移民史的重要代表。

1745年建置的蘆竹五福宮，主祀玄壇元帥，是歷史最悠久的財神廟，大量使用木雕、石雕與交趾陶藝品，呈現與藝文交融之美。

興建於1811年的景福宮，主祀開漳聖王，因早年來此開墾先民多為漳州人，因此建廟以供奉家鄉守護神，現為全台最大的開漳聖王廟，屬兩殿兩護室格局，規模宏偉。

此外，桃園擁有多座觀音寺，其中壽山岩觀音寺與蓮座山觀音寺同為廟宇建築古蹟代表。位在龜山鄉的壽山岩觀音寺，創建於1742年，是桃園縣最古老的觀音寺之一；1801年完工的蓮座山觀音寺，因對峙大漢溪的形勢，猶如蓮花出水而得名。蓮座山觀音寺順著地形興建成罕見的五門單殿式，是坐東南朝西北的一進式廟宇，具有傳統的重簷歇山式屋頂，內有八卦藻井，建築由細緻的剪粘與雕塑等工藝技法點綴而成。

03

04

04 大溪齋明寺為三級古蹟，建築典雅。

05 齋明寺古道。

06 李騰芳古宅外埕。

## 盡攬過往風華

1931年，日本殖民政府展開教化台灣的「建造神社運動」，在各地建造奉祀造化三神、能久親王、豐受大御神與明治天皇等的神社，為國定三級古蹟，建材取自台灣檜木與杉木。2007年，文建會規劃成立桃園縣忠烈祠文化館，並舉辦殖民文化講座、建築導覽等。

舊稱「埤尾」的慈湖，因蔣介石認為景色極似故鄉奉化，為紀念慈母而改名為「慈湖」。1975年，蔣介石逝世後奉厝於此，更名「慈湖陵寢」，仿四合院閩浙形式的磚造紅瓦平房，開放民眾謁陵。

1997年，另設立了雕像紀念公園，擺放全國141座蔣介石銅像；另一旁則是被稱為「後慈湖」的頭寮，目前為蔣經國陵寢，2005年時，將兩處整合成「兩蔣文化園區」，供遊客前往憑弔或懷念過往。

05

06

## 見證宗教融合及族群遷徙

建於1850年的大溪齋明寺，曾由普陀山、龍華齋教、鼓山曹洞寺與法鼓山等不同宗門擔任住持，建築典雅，是佛教演變的表徵。後方的萃靈塔是昔日大溪八景的「靈塔斜陽」；風景秀麗的齋明寺古道也列名八景中的「崁津歸帆」一景。

建於1854年的新屋范姜古厝為三級古蹟。「范姜」是來台後才形成的複姓，一寡婦因姜姓丈夫早逝，無力撫育孤子，再嫁姜姓為妻，小孩為紀念繼父而冠上複姓，如今各地姓范姜者皆源於新屋本家。古厝為家族合建的祖堂，是桃園客家族群遷徙的最佳見證。

屬於二級古蹟的李騰芳古宅，建於1862年，結合三合院與四合院格局，外埕的兩對旗杆座可對照出清代庶民求取功名的中舉象徵，也可從壕溝、銃櫃設計中，看出當時居民為防漳泉械鬥所做的防禦措施。

**桃園縣忠烈祠**
◎開放時間：全年開放8:00~17:00
◎電話：(03)332-5215

**慈湖陵寢**
◎開放時間：8:00~17:00
◎電話：(03)388-3552

**新屋范姜古厝**
◎開放時間：5:30~17:00

**李騰芳古宅**
◎開放時間：周二至周日9:00~17:00（周一、國定假日及民俗節日不開放）
◎電話：(03)388-6852

07 大溪老街的牌樓設計為巴洛克風格。

08 桃園縣內國際級的美術展館──長流美術館。

09 6至9月舉辦的桃園觀音蓮花季。

10 色香味俱全的蓮花餐。

## 大溪老街的流金歲月

位於大漢溪畔的大溪，早年是北部運送物資的要道。清朝年間，外商多在中央、中山與和平路上設立洋行；日治時期，商家為彰顯地位紛紛砸下重金重整，牌樓設計以巴洛克風搭配閩粵建築的圓式屋頂結構，強調浮雕裝飾。

聚集130多家店舖的大溪老街，除了可欣賞特色建築外，隨處可見台灣肖楠、檜木、樟木等製成的木雕、木器老店，傳承大溪過往是木材集散地的產業特色；還有近百年歷史的大溪豆干、半百文化的里長嬤碗粿等知名特產。

## 雋永的國際藝術饗宴

除了古蹟巡禮，桃園縣也有國際級的美術展館，長流美術館即為一例。

1973年，畫家黃鷗波與其子黃承志創設的美術館，收藏張大千、林玉山等名家創作；1989年創設《長流藝聞雜誌》；2004年設置占地600坪的長流美術館，提供藝術家實踐夢

09

10

想的園地。館內有4個展區，定期舉辦展覽、講座、影片欣賞等藝文活動。此外，桃園縣政府文化局也為了厚植地方藝文，設置「桃園館」、中壢市另設有「中壢館」，提供豐富館藏叢書，另有畫廊、藝文表演館等。

## 地方節慶推動產業發展

桃園縣一年四季有著不同的生態與文化慶典：4至5月的客家桐花季，結合生態與產業；6至9月的桃園蓮花季，從2000年開辦第一屆以來，目前有數十家蓮花休閒農場，將傳統產業轉型為觀光休閒；8月的桃園客家文化節，透過社區活動，讓客家文化就地扎根。

另有許多產業相繼推出免費參訪館區，像龜山鄉的「林口觀光酒廠」，有各類酒品介紹；2005年啟用的「黑松飲料博物館」，展示的黑松發展史等同一部台灣飲料史；位於楊梅的「郭元益食品糕餅博物館」則以中國式宮殿建築彰顯其產業的百年歷史。



**桃園縣政府文化局桃園館**
◎開放時間：周三至周日8:30~12:00、13:00~17:00（周一、二、國定假日及民俗節日不開放）
◎電話：(03)332-2592

**桃園縣政府文化局中壢館**
◎開放時間：周三至周日9:00~12:00、13:00~17:00（周一、二、國定假日及民俗節日不開放）
◎電話：(03)332-2592

**長流美術館**
◎開放時間：周二至周日10:00~18:00
◎電話：(03)212-4000

11 素寶齋的肚臍餅。

12 創立於1931年的中崎布丁蛋糕。

## 廣納五湖四海的飲食文化

桃園縣擁有廣納五湖四海的文化，美食及特產更令人讚不絕口。

### 老祖宗的養生智慧 玉泉紅麴葡萄酒

融合東方千年智慧與西方浪漫的紅葡萄酒，是在地禮代表，研發出的世界第一瓶「玉泉紅麴葡萄酒」，創造養生紅酒文化。

### 古早味的中崎布丁蛋糕

中崎布丁蛋糕創立於1931年，以古早味的傳統製法，散發出濃郁的奶油香醇。

### 素寶齋的肚臍餅

桃園首家老婆餅專賣店的素寶齋，代表作為肚臍餅，外皮為油酥皮，內餡有鹹豆沙、紅豆、芋頭等，外表樸實、餡香飽滿，隱含中壢人勤儉、誠懇與好客精神。

### 好吃不黏牙的花生軟糖

龍潭鄉的軟泥花生糖，以花生加上麥芽糖、植物油煉煮而成，Q嫩不黏牙。

# 與風的對話

## 竹塹故事

### 新竹市

歷史悠久的新竹市，是個小而美的城市，300年前，道卡斯族人將此地稱為「竹塹」，意為「海邊」，漸漸地，發展成北台灣最古老的城市。隨著時光流轉，城市裡古今交錯，存在著百年風華的古城門、老街道，也有著最現代化的科學園區，在風的吹送下，喃喃訴說著關於竹塹的故事。

## 溫文龍

熱愛攝影，15年前投身在地文史工作，目前擔任新竹市觀光休閒旅遊導覽協會理事長。他認為，竹塹城面積雖不大，卻有可觀的傳統建築，它們延續歷史脈絡，是銜接過去與現在的最佳橋樑。

私房推薦景點
北門老街寺廟之旅，融合傳統建築、小吃與歷史故事，內容多元。

新竹市西面臨海迎風，三面丘陵起伏，季節風由海吹拂，有「風城」之稱。在風的故鄉中，觀賞著紀錄歷史痕跡的老街道，咀嚼著百年不變的人文況味，感染著時代變遷，也品味在地美食的感動，有山有海、亦古亦今，呈現出多元風華。

01

01 在玻璃工藝博物館裡，可以見識到新竹玻璃工藝之美。

02 新竹市玻璃工藝發展成熟。

03 新竹公園裡設立的玻璃工藝博物館。

04 每年3月的十八尖山賞花月。

03

04

## 國際玻璃藝術節 晶瑩美幻心靈饗宴

新竹市因擁有豐富的玻璃原料—矽砂，日治時期被視為玻璃產業發展的最佳地點，開啟其「玻璃王國」的輝煌歲月。為維護傳統產業，新竹市政府特別在新竹公園裡設立玻璃工藝博物館，並於1995年舉辦國際玻璃藝術節，讓人們親身體會傳統藝術之美。

兩年一度的國際玻璃藝術節於2至4月舉行，集結國內外優秀玻璃作品，步道旁的玻璃工房現場示範館內，老師傅們正巧手做著工藝；而玻璃藝術街上舉目所見的晶瑩藝品，令人發出對玻璃藝品的崇敬之心。

## 米粉摃丸節 新竹兩寶

若想要一次囊括最能代表新竹市特色的地方美味，那麼你絕不能錯過每年9至10月間舉辦的「米粉摃丸節」。

由於地理因素，新竹的東北季風強烈乾燥，因此才能製作出新竹米粉Q軟的特殊口感。而以傳統手工捶打肉漿製作而成的新竹摃丸，有著彈牙的口感，並在日治時代一場廚師比賽裡大放光芒，從此成為在地美食代表。

## 十八尖山百花飛舞

有「新竹陽明山」之稱的十八尖山，一直是新竹市民健行登山的首選路線。

位在市區東南郊的十八尖山由18座山組成，完善的步道更連結出一條綠意盎然的芬多精路線，四季皆呈現不同風情，沿途的涼亭更擁有遠眺新竹市容的最佳視野。新竹市政府更將每年的3月設為賞花月，舉辦音樂會、花仙子選拔等相關賞花活動。

**新竹玻璃工藝博物館**
◎開放時間：每周二至周日9:00~17:00
◎電話：(03)5626-091

**國際玻璃藝術節**
◎舉辦時間：兩年一次，2至4月舉辦

**米粉摃丸節**
◎舉辦時間：每年9至10月

**十八尖山賞花月**
◎舉辦時間：每年3月

## 北門老街 穿梭竹塹古今

北門老街是一條有百年歷史的大街，是最早發展的商業區，也是進城必經之路。因為一邊販售佛具，另一邊販售壽衣，有「陰陽街」之稱。老街匯聚的傳統建築，從有250年歷史的新竹城隍廟開始，接著是長和宮、水仙宮，再往前是鄭用錫在1837年建造的進士第，他是第一個以台灣身分赴京中舉的進士，被尊稱為「開台進士」。彎角處的鄭氏家廟大門前的基座、夾桿石及八卦鋪面都值得細細品味。

## 影像博物館 懷舊往事熱映中

前身為1933年建造的台灣首座歐化現代劇場「有樂館」的影像博物館，1946年更名為「國民大戲院」；2000年改為「新竹市立影像博物館」，重現國民大戲院時的懷舊場景，是傳統建築活化的最佳演繹，後方的文物館則展出舊日的電影海報及相關文物等。

05 北門街上許多磚造立面與窗櫺維持得很完整。

06 新竹市立影像博物館內景。

07 新竹市擁有17公里海岸線，遊客可至此觀夕照、看海。

08 新竹中學辛志平校長宿舍保持完好的日式建築樣貌。

08

## 辛志平校長故居 日式建築活紀錄

2008年10月25日整修完成、開放參觀的辛志平校長故居，是最新的市定古蹟與地方文化館。建築年代在日治時期1922年左右，1945年後成為新竹中學辛志平校長宿舍，潔淨的榻榻米地板、窗櫺、座敷間，細膩重現日式屋舍格調。後方的藝文館則陳設了辛校長的教育事蹟，並用以舉辦藝文主題展。

## 17公里海岸線 體驗九降風

擁有完整海岸線的新竹市，北起南寮、南至港南約17公里海岸，包含南寮漁港、香山蔚藍海岸、港南運河、看海公園等，遊客可沿著海濱騎單車奔馳，體驗九降風的威力。

至於新竹八景之一的「香山夕照」，當落日餘暉在海邊堆疊出多層次的光芒，彷彿是為白日的歡樂做謝幕，也將17公里海岸線之美延續至夜晚。

**新竹市立影像博物館**
◎開放時間：每周二至周日9:30~12:00、13:30~17:00
◎電話：(03)5285-840

**辛志平校長故居**
◎開放時間：每周二至周日9:00~17:00
◎電話：(03)5245-965

09 阿城號米粉已經有一甲子的功力，是新竹市代表小吃。

## 城隍廟前的美味食堂

新竹市城隍廟前的各式小吃與伴手禮，是貼近在地生活的最佳選擇。

### 阿城號米粉 老字號的在地味

60多年歷史的阿城號米粉攤，先炒後炊，上桌前再淋上特調滷肉汁，香氣與口感十足。

### 進益摃丸 手工好滋味

1938年成立的進益摃丸，原只是城隍廟前攤子，口感獨特，成為特產。以手工捶打肉漿，逼出肉香與油脂，也因此改名為「摃」丸。

### 鴨肉許 濃郁湯頭最鮮美

鴨肉麵是知名新竹小吃，以開店30多年的鴨肉許最出名，精選5公斤重肥鴨，浸泡在獨門醬料裡入味燻烤，湯頭不加味精，鮮甜可口。

### 高家冬瓜茶 濃濃冬瓜香

高家冬瓜茶以古早方式，選用自家手工製作的糖冬瓜慢火熬煮，散發濃郁冬瓜味。

### 福源花生醬 花生濃醇香

早年經營花生生意的曾家，30多年前開始製作花生醬，每天早上現炒現賣，一公斤花生米只能製成一罐花生醬。

# 濃郁山水情
## 樸實客家庄

## 新竹縣

勤儉殷實的客家人於百年前來到新竹縣墾荒，留下豐沛的傳統建築與地方文化。在此，除了可體驗山林的原始與精彩的人文風貌外；走入老街，親近客家生活，並享受客家鄉情的熱情招待。

## 陳坤一

新竹縣橫山鄉人，書法及篆刻藝術家，近年來也從事傳統詩作創作。新竹縣客家族人多，樸實的客家人不僅尊敬且維持傳統文化，可從在地藝術家及蓬勃發展的詩社文化中一探究竟。

**私房推薦景點**
蕭如松藝術園區、劉興欽漫畫館可感受在地藝術氣息。

新竹縣景觀豐富，靠山靠海、幅員遼闊，擁有最樸實的客家山城、傳統的老街聚落，也有迷人芬芳的茶鄉，處處展現濃郁的客家鄉情。胼手胝足地在此落地生根、守護土地的客家族人，總以最真實的面貌迎接旅人，讓新竹縣多了一股單純之美。

01 2008新竹縣國際花鼓藝術節中新瓦屋花鼓隊的精彩演出。

02 咖啡館紅磚屋在藝術村建造時就已經存在，有70年左右歷史。

03 坐落在寶山水庫旁的沙湖壢藝術村。

02

03

## 國際花鼓藝術節響徹雲霄

每到秋冬時節，客家庄就會辦場收冬戲，感謝神明庇祐，並祈求來年好運，戲碼裡不可或缺的就是客家花鼓隊的演出。

為了傳承花鼓隊技藝，客委會與新竹縣政府特別從2000年起於全國第一處客家文化保存區的新瓦屋聚落，合辦兩年一度的國際花鼓藝術節，邀請全台僅存的客家花鼓隊一新瓦屋花鼓隊演出。

成立於1947年的新瓦屋花鼓隊，為慶祝光復而四處酬神遊行，丑角穿花衫、拿花傘、走花步、打花鼓，以逗趣出名。

## 寶山沙湖壢藝術村 置身藝術中

沙湖壢藝術村是一處匯聚自然、人文與藝術的私家花園，坐落於寶山水庫旁，舉目所及皆為水源地的美麗寬廣，因此激發在地許多藝術家的創作靈感。

藝術村裡的建築物為擁有70多年歷史的日式磚造平房，目前規劃成咖啡館，並附設小型藝廊，再加上戶外綠地空間的湖濱廣場戶外展示區，形成一個完整的藝術聚落，並定期於此舉辦個展及音樂演出。

**國際花鼓藝術節**
◎電話：(03)551-0201，新竹縣文化局

**沙湖壢藝術村**
◎開放時間：周二至周日10:00~18:00（請事先預約）
◎電話：(03)576-0108

04 潘家古宅刻意低調的馬背山牆，具備傳統客家宅院的風格。

05 具有如燕子般飛舞的新埔劉家祠屋簷。

06 保持完好的日式宿舍建築，記錄著本土畫家蕭如松的日常生活。

## 新埔劉家祠的華麗家廟

1864年，劉氏族人為奉祀始祖—漢高祖的祖父劉榮及歷代祖先，出資興建家廟，1985年列為三級古蹟，有「燕尾多、匾額多、功名多」的三多美稱。前廊、簷口與棟樑間的木雕精美，不同於傳統客家建築的簡單馬背山牆，祠堂正廳有燕尾飛舞，左右護龍也有華麗的燕尾屋脊，再加上皇帝御賜匾額，彰顯聲望。

## 潘家古宅 螃蟹穴前說故事

新埔鎮上另一個三級古蹟為潘家古宅，為一堂四橫形式的三合院，屋脊全為馬背式。1861年由潘澄漢、潘清漢兄弟建造，門口及門扉上的「孝友」、「傳家」是潘氏家訓。潘家是鎮上望族，曾擔任4屆庄長與鎮長，因為風水上前方是「螃蟹穴」穴位，屋宅左右寬、前後窄（狀似螃蟹），屋脊不採取燕尾，因為燕尾會被螯所剪，才在紅瓦上漆上灰色。

06

## 蕭如松藝術園區 與大師相遇

本土畫家蕭如松在台日藝術界享有極高盛名，作品更被眾多美術館珍藏。

曾於竹東高中教授美術30多年的蕭如松老師，文建會、客委會與縣政府將其荒廢的故居重新規劃，2008年6月開幕為蕭如松藝術園區，主建築以日式風情呈現，搭配清幽庭院，遊客可自在穿梭其中，同時可靜心欣賞畫作，體驗建築之美。

## 竹東林業展示所 盡顯繁華餘韻

建於日治時期的竹東林業展示所有60多年歷史，日人在此設立植松材木竹東出張所、貯木池、製材場等，開採尖石及五峰的肖楠、紅檜、扁柏與台灣杉；光復後，改成林務局竹東工作站辦公室，2006年底重新開放。

復古的日式房舍透露著懷舊氣息，展示館裡陳列著竹東林業發展與竹東車站變遷的歷史文物，帶領人們走進木材產業的黃金年代。

**蕭如松藝術園區**
◎開放時間10:30~18:00（周一休館）
◎電話：(03)595-6009

**竹東林業展示所**
◎開放時間：周二至周日，8:00~12:00、13:00~17:00
◎電話：(03)595-2012

## 內灣老街 訴說山城故事

台灣三大支線之一的內灣小火車，讓原本樸實的山城，變成熱鬧的觀光勝地。

老街上的日式建築、雙層木造瓦屋的內灣大戲院，是最具代表的建築。以往是木材工人看客家大戲的地方，現在則變身成復古餐廳，來這裡品嚐客家菜，還可以欣賞老片，讓人回味客家風味。路尾的內灣吊橋可欣賞油羅溪風光，以客家山城景色入畫的本土漫畫家劉興欽，在社區發展協會支持下成立劉興欽漫畫館，收藏其手稿與趣味畫作，饒富趣味。

07 內灣吊橋。

08 在劉興欽漫畫館外飲茶，還可以欣賞美麗的內灣線火車與車站。

09 紅茶文化館裡有許多老照片，紀錄關西的紅茶發展史。

10 有西洋風味的姜阿新故居。

## 關西台灣紅茶館 茶香相伴

關西鎮上的台灣紅茶公司記錄著關西茶葉發展史。創立已有80年的台灣紅茶公司，茶葉品質優良，1930年代被視為最受歡迎的國產品，因市場競爭而失去海外市場，堅持保留原有廠房與製茶機具，並成立台灣紅茶館。

以木製構造為主的茶廠，目前生產以蒸菁綠茶為主，也生產紅茶、烏龍茶，復刻包裝讓人們在啜飲時與舊時光相連。

## 北埔老街 人文歷史交錯

參觀北埔以步行閒逛最適宜。位在街底、供奉著媽祖與菩薩的三級古蹟「慈天宮」，有160多年歷史，是當地居民信仰中心，村落建造以此為中心，著名的天水堂、金廣福公館、姜阿新宅、姜氏家廟等都在周邊。

三合院式的客家民宅「天水堂」，目前有人居住；新竹縣內唯一的一級古蹟「金廣福公館」，是過往佃民與墾戶的辦公處，建築風貌獨特；歐式造型的「姜阿新宅」則是北埔茶商大戶豪宅，50年前專門用來接待外賓之用，目前則用以展示藝術品。

## 膨風茶文物館 東方美人在微笑

北埔是台灣生產膨風茶（東方美人茶）最早的區域，靠湖水氣，丘陵地形及冬季不會過冷等條件，造就這個特殊茶種的興盛，以每年端午節前後為盛產期。

想更了解膨風茶淵源，可前往陳設製造東方美人茶所需機具的膨風茶文物館，並順道嘗試客家庄獨特的擂茶文化及客家美食。

**關西台灣紅茶館**
◎開放時間：8:00~17:00（如需導覽請事先電話預約）
◎電話：(03)587-2018

**膨風茶文物館**
◎電話：(03)580-1126

11 新埔的旱坑里的曬柿美景。

12 新埔的柿餅最出名。

13 來客家庄必定要品嚐客家擂茶。

## 客家文化新鮮試

客家庄聞名的除了靠手勁的擂茶、有風之味的柿餅、軟嫩滑順的粄條、記憶舊時光的黑糖，還有展現工藝之美的竹簾。

### 客家擂茶 吃巧又吃飽

早期客家人農事繁忙，為了做出生津止渴、又能吃飽的點心，發明了客家擂茶。擂茶裡的茶不是直接泡，而是加入五穀後，利用擂缽先「揉」碎，再倒入開水沖泡。

### 新埔柿餅 甜而不膩

新埔旱坑路一帶以生產柿餅出名，柿餅製作時，農家採擷七分熟柿子，削皮後，透過九降風的吹拂曬柿，滿山曬柿美景，頗有秋意。

### 新埔粄條 手工軟嫩好味道

手工製作的軟嫩粄條，拌上蝦米、蔥段爆香，以大火快炒，吃起來彈牙有勁。

### 新城黑糖 正宗古早台味

寶山以製糖聞名，在社區發展協會努力下，「新城風糖」名號再度被打響。

### 簣城竹簾 傳承竹藝美學

1950年代，尖石、五峰的桂竹質優，簣城竹簾前身的新東竹行經營竹業生意，第二代結合竹子與紡織做成竹簾，將竹藝美學發揮極致。

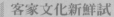

# 客家山城
## 純樸好景致

# 苗栗縣

多數為丘陵及高山地形的苗栗縣，農村風光與山野景致增添這座山城之美，更吸引藝術家進駐，造就豐富的藝文及產業發展，尤其是木雕文化，其中木雕街絕對是不容錯過之地，還可到木雕博物館、神雕村等處親自體會工藝之美。

## 劉同仁

油畫藝術家，可從其畫作中窺見苗栗之美，像九華山、火焰山等，以抽象畫的繪畫技法，栩栩如生的將苗栗之美表現在畫布上。

私房推薦景點
苗栗壯觀的自然山景，如九華山、火燄山等。

客家人居多的苗栗縣，克勤克儉的個性讓這個客家山城呈現淳樸特色。每年的桐花季以苗栗為開端；木雕工藝更在一百多年前木雕師的努力下，開啟國際市場。有機會來到這個苗栗客家山城，米食、客家菜中都可品嚐到最道地的客家味。

01

01 台灣木雕的工藝產業在百年前三義木雕師的努力下，開啓國際市場。

02 樟木樹根稍加雕飾後，成為三義知名的文化藝品。

03 三義木雕博物館內的陳設。

04 客家美食—擂茶餅。

## 三義根雕開啓木雕產業

三義山多且地勢高，土質為酸性黏土，適合茶樹及樟木生長，尤其是樟木，樹幹高大而直，樹心黃褐，木質堅硬，樹根淺而開闊，散發濃郁清香，甚至連白蟻都喜歡在根部築巢，經年累月之下，樟木根呈現自然獨具的造型之美。日治時，為永續樟樹生命，只取樟木樹幹做成樟腦，留下遍地的樟木樹根；1918年，三義鄉民吳進寶將樟木樹根連根拔起並稍加雕飾後而成的藝品，打開三義木雕的知名度。

想知道三義木雕的特色，走一趟又名「舊街」的水美街，200多家木雕藝品店齊聚於此，走累了，找間食堂點上傳統的紅豆粄、艾草粄、擂茶餅等；或者點上客家小炒、薑絲大腸、桔醬沾雞等客家菜，飽餐一頓。

03

## 三義木雕盡顯在地藝文之美

自從1993年首屆三義木雕嘉年華推出以來，三義木雕節成為台灣12大重要文化慶典之一。每年舉辦的木雕嘉年華，除了欣賞優秀作品，並結合鄰近景點，讓人親近三義之美。

全台唯一的木雕博物館亦坐落於三義，館內展出台灣木雕之典藏、展示、研究，並定期舉辦藝術講座，也提供遊客木雕DIY活動，更舉辦木雕創作獎，以鼓勵木雕創作。

**木雕博物館**
◎開放時間：9:00~17:00（16:30後停止售票及入館）
◎電話：(037)876-009

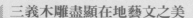

## 勝興車站 台灣鐵路最高點

當民國87年9月23日晚上9點10分，車次167的最後一班南下列車停靠後，新舊山線完成切換，屬於舊山線的勝興車站也畫下句點。

又名「十六份」的勝興，因為山區樟木叢生，拓墾期間，曾有16座蒸餾樟腦寮灶而得名。勝興車站以木頭為主建材，沒有使用一根釘子，卻在歷經90多年寒暑後一樣堅固。古樸原味的站內鐵軌、月台，以及柱頭上特別設計的八卦和尖矛造型，屋簷飾板也呈鋸齒狀，據說是因為勝興站位於關刀山麓，被9座形似虎頭的山頭包圍，建在虎穴中的勝興車站得靠這些兵器來破解9虎。

車站外豎立著建於民國48年元月之「台灣鐵路最高點 海拔402.326公尺」紀念石碑，為遊客造訪勝興車站後必定在此合影之處。

05 勝興車站外豎立著「台灣鐵路最高點 海拔402.326公尺」紀念碑。

06 勝興車站整棟建築以木頭為建材。

07 龍騰斷橋僅剩北部6座及南端的4座橋墩。

08 龍騰斷橋對面的火車道。

## 龍騰斷橋 台灣鐵路藝術極品

龍騰斷橋與勝興車站如今並列為舊山線二大熱門旅遊景點。

08

龍騰斷橋又稱為「魚藤坪斷橋」、「糯米橋」，位於苗栗縣三義鄉龍騰村，橋長約200公尺，跨越魚藤坪溪，明治40年完工。紅磚塊搭建而成的拱形建築橋身，橋面距地有50公尺，是山線鐵路中最高的橋樑，不論遠觀或近賞都令人深感震撼，當時更被稱為台灣鐵路中的藝術極品。

雖然歷經民國24年關刀山大地震而斷毀，又於民國88年再度遭受九二一大地震的無情摧殘，龍騰斷橋如今只剩北部6座及南端的4座橋墩供人憑弔，但依然風姿綽約，尤其是5月桐花盛開時節，美景配古蹟，更是令人再三流連。

09 滿山谷的美麗桐花。
10 南庄郵局。
11 南庄老街巷尾的水汴頭。

## 南庄舊郵局 日治時期文化瑰寶

南庄老街又名「桂花巷」，平日寂靜，假日卻熱鬧非凡。巷尾的水汴頭是老一輩的難忘記憶，居民在灌溉的水圳上鋪設10餘塊洗衣石板，除了洗衣，還可閒話家常。街上有不少傳統客家味的老餐廳，吃飽後，選一座面山的咖啡廳小憩，悠閒觀賞滿山的雲霧縹緲。

坐落在南庄老街上的舊郵局，為位在永昌宮旁的藍色木造建築，目前為南庄文化會館，前身是創辦於民國前12年的老郵局，特殊之處在於側面當正面用。日治時期稱為「南庄郵便局」，民國35年改稱為「南庄郵電局」，民國38年郵電分辦後改稱為「南庄郵局」。現有建物為民國24年大地震後重建，與老庄長官邸、乃木崎並列為鄉內日治時期的三大文化資產。

10

11

## 苗栗桐花季 客家人硬頸表徵

每年5月桐花季熱鬧登場，雖然全台只要有客家聚落便有桐花可賞，但提及桐花，第一個聯想的還是苗栗。

苗栗是客家人的大本營，桐花更是客家人「硬頸」的表徵，看著旋轉飄落的桐花，背後代表的卻是當年客家人在貧瘠山地搾桐油維生的辛苦。桐花樹越密集，越彰顯當年之繁華。

至於人稱的「10月銅鑼下雪」，指的就是苗栗銅鑼鄉的杭菊開花了。杭菊生長之地以陽光充足、排水良好之砂質土壤較佳，銅鑼鄉則具備適合的生長環境及條件，並以九湖台地為主要產地。銅鑼的白色杭菊與台東的黃色杭菊不同，每到盛產時節，白花花的一片，看起來十分美麗。

時序走至11月，下旬開始的大湖草莓季，則為苗栗大湖帶來可觀的觀光收入。雖然全台多處都有栽種草莓，但仍以苗栗大湖草莓為遊客採草莓的首選之地。

**苗栗桐花季**
◎舉辦時間：每年5月

**大湖草莓季**
◎舉辦時間：每年11月

12 銅鑼鄉盛產杭菊，將菊花做成醋，加水稀釋後飲用，是很好的保健良品。

13 客家人將難以入口的酸柑再製成酸柑茶飲用。

## 戀戀苗栗農產好物

苗栗物產豐富，再加上是客家庄，特產都與客家文化有關，此外，知名的草莓也造就草莓酒的興盛。

### 草莓酒

大湖酒莊利用大湖新鮮草莓、李子研發的「湖莓戀」草莓酒，酒精濃度為百分之11，以淡香順口獲得青睞。

### 菊花醋

將菊花做成醋，加水稀釋後飲用，喝得到菊花香，還能吸收到醋酸，是很好的保健良品。

### 酸柑茶

酸柑果肉酸澀，客家人在果頂上挖個小孔，挖出果肉攪碎後，與茶葉、甘草、紫蘇、薄荷、大風草等青草混合，再塞入柑裡，用果皮封妥後，以鐵絲綑綁，經過9次反覆蒸、壓、曬、烤。食用時整顆敲碎，將果皮和填充料充分混合沖泡，此為酸柑茶。

### 樟腦皂

600公斤的樟木只能蒸餾出15公斤的樟腦油，蒸餾完的樟木片經堆放晾乾後，可再利用為鍋爐燃料；可驅蟲、殺菌的樟腦，還可做成樟腦條、樟腦膏、腦沙、樟腦香皂等產品。

# 藝文共舞 文化城

## 台中市

台中市融合現代都會及傳統藝文氛圍，綠園道一路「森呼吸」到國立台灣美術館；誠品綠廊讓人在都會忙碌中保有一份愜意；沿路的台中火車站、湖心亭、萬和宮，與饒富前衛創意的二十號倉庫、爵士音樂節、東海藝術市集合舞了起來；無論民間信仰的萬和宮還是路思義教堂，都與台中市一同散發生命力。

## 倪朝龍

國寶級畫家，擅長油畫、版畫，作品屢獲國內外藝術大獎，現任中部美術協會、台中市美術教育學會理事長。

私房推薦景點
國立台灣美術館是享受文化洗禮者必訪之地。

走過台中市開城歷史，自從漢人入墾後形成的街庄聚落；清政府的台灣省城預定地；日治時建構的政治都市；國民政府提升其為中部文化重鎮。近年來，台中市更積極蛻變，一展其國際都會城市的藝文新風貌。

01 台中公園內的湖心亭經常舉辦演奏或藝文表演。

02 國立台灣美術館為台中市知名的藝文展場。

03 台中火車站建築仿照西方驛站風格。

02

03

## 國立台灣美術館執典藏牛耳

國立台灣美術館舊稱「台灣省立美術館」，1988年開館，1999年改隸於文建會，是全國唯一的國家級美術館，也是目前亞洲最大的美術館，兼具藝術知性與休閒新面貌。

地下一層、地上三層的建築體，包含繪本館、影音藝術廳、教師資源室及各項學習、休閒空間與館外雕塑公園等，以國家級定位介紹台灣美術發展的特色，致力推動台灣現代與當代藝術，台灣明清時期至當代美術作品為主要典藏；另設有專用攝影室與修復室，以延續文化傳承。

## 經典建築雋永回味

台中公園內的湖心亭創建於1908年，是見證台中市一世紀歷史的市定古蹟，原為日本親王的「御休憩所」。池亭為雙併式頂涼亭，內為同一平台構造水上建物，屋頂尖端以四脊圓弧交叉為頂高設計，1914年起開放參觀。

仿效西方驛站的台中火車站，興建於1917年，類似台灣總督府，中央屋頂裝飾華麗的鐘塔，白色洗石子環帶圍繞，與紅色磚面相襯。往後站走，可見到建於1930年的二十號倉庫，原為台鐵編號第20號到第26號共7間的連棟貨運倉庫，委由藝術策展公司重新規劃成藝術畫廊，附設咖啡廳及畫室。

編寫編玩

**國立台灣美術館**
◎開放時間：周二至周五9:00~17:00，周六、周日9:00~18:00（周一休館）
◎電話：(04)2372-3552

**二十號倉庫**
◎開放時間：周二至周日11:00~20:00（周一休館）
◎電話：(04)2220-9972

04 萬和宮天上聖母南屯遶境。

05 路思義教堂為知名華籍設計師貝聿銘設計。

06 慶隆犁頭店為目前僅存的犁頭店。

07 在台首次亞洲雙年展。

## 萬和宮犁頭店踩屐行

又稱為「犁頭店聖母廟」的萬和宮，地處昔日打製犁頭等農具店舖聚集的「犁頭店街」（今南屯）而得名。清康熙年間，卸任浙江定海總兵張國至貓霧捒社一帶開墾，由福建湄洲恭迎媽祖神像護身，平安抵達後，有感於媽祖靈佑，草創一祠並供奉膜拜，再由張國獻地發起建廟，於1726年建成。

## 路思義教堂的祝禱之美

路思義教堂是東海大學校園象徵，為著名華裔美籍建築師貝聿銘早期之作，1963年11月建成，美國《時代》、《生活》雜誌創辦人亨利・路思義（Henry R . Luce）為宣揚福音，並紀念宣教士父親而捐款興建。

貝聿銘提出磚砌的圓拱造型構想，採用雙曲面的薄殼建築，為了採光及表現結構，4片曲面完全分離，類似倒置船底，上小下大可有效對抗風力與地震；屋脊分開，天窗衍生出「一線天」的意涵，如同一雙合掌祈禱的手。

## 藝術展演 與精彩接軌

兩年一屆，由文建會指導、國立台灣美術館主辦的在台首次亞洲藝術雙年展，2007年10月13日至2008年2月24日在國立台灣美術館

07

登場，聚焦亞洲當代藝術面貌，邀請亞太及歐洲地區多位藝術家及展出其作品，並放映亞洲地區的多部紀錄片。

除了藝術展出，9月在文化局外牆上開「繪」的台中閃亮文化季─彩繪城市節系列活動，至2008年已邁入第7屆，邀請五大洲多位藝術家展出作品，並展出代表台灣本土藝術的彩繪裝置藝術。每年10月舉辦的爵士音樂節有20多個國內外知名爵士樂團在9天裡輪番表演，吸引市民陶醉在搖擺的旋律裡。

**萬和宮**
◎開放時間：8:00~22:00
◎電話：(04)2383-1689

**路思義教堂**
◎開放時間：周一至周五8:00~11:00、17:00~19:00，周六上午8:00~11:00
◎電話：(04)2359-0121

**爵士音樂節**
◎舉辦時間：每年10月

**台中閃亮文化季**
◎舉辦時間：每年9月

08 太陽餅的酥鬆香脆成為台中市在地美食的最佳代表。

## 台中市美食好伴手

台中市除了文化精彩外，還有許多知名美食相伴。

### 太陽餅 美食代表作

正宗太陽餅老店位於自由路二段23號，由林紹崧於1951年改良麥芽餅製成，綿密的千層薄皮外層，酥鬆香脆，內餡柔軟不黏牙。

### 林金生餅行 五代百年老店

創立於1866年的第一代製麵林旺生，傳到兒子「麵龜仔塗」林阿塗手裡，他將麵粉製作成古早味的糕餅，第五代更成功結合南屯特產推出麻芛餅，為地方美食激盪出新創意。

### 萬益、一心豆乾 伴手最滿足

萬益食品創始者廖萬益於1974年創業，肉鬆、肉乾、豆乾是遠近馳名的產品。另一家有50年歷史的一心豆乾，嚼起來有股濃郁的黃豆香，是最佳的伴手好禮。

### 幸發亭 大盤真爽快

1938年創立於繼光街上的幸發亭，傳統的剉冰機刨出細緻爽口的清冰，再淋上自煮豆類、芋頭、芋圓，一解遊子思鄉之苦。

# 樂山、樂水

樂藝文

## 台中縣

台中縣融合全方位的文化、藝術、民俗、節慶、美食及好山好水，其中，大甲藺草帽蓆曾為台灣賺進大筆外匯，同樣發光的還有編織、陶藝、漆器等產業，以及創造全球熱的「迎媽祖」活動，閩南、客家等族群則在此地精彩交融出各具創意的特色節慶。

## 林宣宏

創辦葫蘆墩文化節，亦為仁社創社社長，目前也是台灣區域協會理事長，積極推動葫蘆墩（豐原）漆藝文化。

**私房推薦景點**

葫蘆墩文化節、漆藝欣賞和豐原眾多以米磨粉製作成可口美食的糕餅店，例如百年老店雪花齋。

台中縣內文化史蹟眾多、生態豐富，且文風鼎盛，人文素養高，媽祖為當地主要的宗教信仰，每逢農曆3月，大甲鎮瀾宮、新港奉天宮的媽祖遶境進香，起駕時的萬人空巷、鑼鼓齊鳴，廟宇建築更集合彩繪、木雕等薪傳獎得主大成，值得細細品味。

01

01 位於清水鎮大馬路旁的港區藝術中心。

02 台灣第一支純手工打造的薩克斯風展示於張連昌薩克斯風紀念館內。

02

## 藝術展演新指標

位於清水鎮大馬路旁的港區藝術中心，建築仿閩南風格設計，古樸典雅，為開放性的演藝展覽殿堂，假日有來自各地老人們聚集於迴廊進行即興的南管、民謠、歌仔戲演出。

台灣第一支純手工打造的薩克斯風，是張連昌偶然獲得一把燒毀的薩克斯風，經其自行摸索後完成，進而讓后里成為聲名遠播的薩克斯風製造重鎮。館內珍藏一把表面雕刻著「LIEN CAN」的低音薩克斯風，以及40年代古老的薩克斯風和薩克斯風製作流程。

## 文化建築代表作

霧峰林家宅園是內政部指定的二級古蹟，同治3年興建，宅第規模及建築特性堪稱全台第一，但因地震毀損，暫不開放參觀。

霧峰林宅分為「頂厝」、「下厝」及「萊園」，頂厝有景薰樓組群、蓉鏡齋、新厝、頤圃等；下厝有草厝（公媽廳）、宮保第、大花廳及二房厝等；萊園為娛親所闢建花園。景薰樓組群為林家頂厝代表，是林奠國族支所居住，內外共三進，第二進為林獻堂邸。

前身為清嘉慶年間仕紳趙順芳、楊占鰲所創的西雝社，又稱「文昌祠」。清光緒14年於原地建立磺溪書院，招收現今大肚、龍井、烏日三鄉鎮子弟。其平面格局為兩進、雙護龍、七開間、帶四垂拜亭的四合院，採用雕花磚、青石、泉州白、福杉等，堪稱台灣磚工最考究的建築；屋頂造型分為5個段落、6個燕尾，覆有小屋頂，並留有通風孔隙，為內政部公告之書院類三級古蹟。

**港區藝術中心**
◎開放時間：每周二至周日每天9:00~17:30（周一休館） 電話：(04)2627-4568

**張連昌薩克斯風紀念館**
◎開放時間：每日9:00~18:00 電話：(04)2556-2363

**林家花園**
◎開放時間：目前暫不接受入內參觀 電話：(04)2331-3597

**磺溪書院**
◎開放時間：7:00~18:00 電話：(04)2699-1105，洽詢大肚鄉公所

03 泰安舊車站的花樑鋼橋。

04 梧棲漁港風貌。

05 武陵農場採茶。

## 走入歷史的文化景點

民國87年6月底隨著西側新山線的竣工而停駛的泰安舊山線，泰安站設在兩山之間的谷地，受路線縱坡限制，把站房蓋在路基下方，變成入口在地面而月台在上層的特殊設計，月台上的兩棚柱子都是由20世紀初期出產的鐵軌做成的，上面還清楚標有總督府鐵道部標誌和1905年出廠的記號，十分特別。

04

05

日治時期，三義至后里這段泰安鐵道擁有大量的火車流量，人車鼎沸，直到1935年發生大地震，火車站旁的山林大量坍塌，共掩埋近三千多條人命，經搶修後恢復通車，並立碑紀念罹難人員。

## 梨山桃花源 高山茶最香

和平鄉好山好水，海拔高，晝夜溫差大，煙霧繚繞，攬勝梨山、武陵、福壽山，水果甜美多汁，高山茶蔚為極品，是理想的桃花源，令人有種雲深不知處的悠然心境。

## 梧棲觀光魚市 有吃擱有抓

自民國73年5月正式通航啟用，梧棲漁港是全台數一數二的大型漁港，為契合社會需求，漁港朝生產、休閒、觀光方向發展，到台中縣不走一遭梧棲漁港，就不算是正「港」的觀光客。

梧棲觀光魚市位於台中港濱海遊憩區，是中部重要的濱海休閒活動據點。區內規劃有體能活動區、沙灘排球區、放風箏區、觀海及野餐區等，朝多角化經營，成為享受海鮮美食、濱海休閒生活的好去處。



**石岡舊穀倉/石岡鄉農會**
◎電話：(04)2572-1246、2572-2511

**泰安舊火車站**
◎電話：(04)2556-2116

**梨山農場**
◎電話：(04)2598-1331

**武陵農場**
◎電話：(04)2590-1259

**梧棲觀光魚市**
◎開放時間：周一至周五12:00~18:00，假日9:00~19:00　電話：(04)2656-2631

## 大甲藺草 帽蓆的故鄉

日治初期，大甲仕紳於光緒26年在大甲街庄尾111番號請具才藝的平埔族人，利用大安溪下游野生大甲藺草示範草帽編織，將藺草莖撕成細條再編成草蓆，清涼舒爽，強韌耐用；後創設「元泰商行」，外銷日本。由於草帽最先為大甲所出產，遂名為「大甲帽」。

大甲藺草所編的草帽蓆，曾名列台灣50大工業之一，每當農閒時刻，常見大甲、苑裡人坐在門檻上，手裡忙著編織帽蓆，甚至連曬穀場上曬的也都是藺草。為傳承藺草編織技藝，國寶級編織手工藝品大甲帽蓆傳人郭素月成立愛鄉協會，為帽蓆編織工藝深入扎根。

## 鐵砧山鄭成功劍井 令人神往

鐵砧山以存有延平郡王鄭成功駐軍遺址而聞名，當鄭成功駐屯此地時，被困乏水，乃拔劍插地而得甘泉，因此稱為「國姓井」。

由劍井拾階而上可至忠烈祠，登上祠堂上方的觀海亭，俯視大安溪風光，延平郡王像位於觀海亭右側，莊嚴威武，令人神往。

06 鐵砧山太陽之門。

07 大甲藺草做成的藺草帽，又名「大甲帽」。

08 大甲鎮瀾宮內匯聚國家薪傳獎大師的作品。

## 媽祖遶境萬人迷

相傳清雍正8年湄洲島人林永興，自湄洲媽祖祖廟奉請天上聖母神像來台，途經大甲並於此定居；當時移民篤信湄洲媽祖，紛紛前來參拜，地方仕紳見香火鼎盛，清雍正10年於現址興建小祠，清乾隆52年擴建，改稱為「鎮瀾宮」。

每年農曆3月23日媽祖生日時所舉辦的「天上聖母南下遶境進香」，是台灣一年當中最盛大且最重要的宗教盛事，也是大甲媽祖文化季的開場。來自各地將近10萬名信徒所組成聲勢浩大的進香隊伍，以大甲鎮瀾宮為出發點，在8天7夜中，徒步來回鎮瀾宮宮與新港奉天宮，並依照傳統舉行獻敬禮儀，分別有祈安、上轎、起駕、駐駕、祈福、祝壽、回駕、安座等8個主要典禮。遶境隊伍共經過21個鄉鎮、80餘座廟宇，跋涉約330公里路程。

近年來，大甲媽祖文化季更躍升為世界級三大宗教活動之一，至今已有百年以上歷史。

**大甲帽蓆博物館**
◎開放時間：每日9:00~5:00（例假日休館）
◎電話：(04)2686-3990

**大甲媽祖文化季**
◎舉辦時間：每年農曆3月23日

09 裕珍馨的奶油酥餅遵循古法精製。

## 拜媽祖、好伴手 戀上台中縣美食

台中縣物產豐富，百年老店雲集，風味獨特的小吃與地方名產令人回味無窮。

### · 大甲鎮寶裕珍馨

裕珍馨的「奶油酥餅」遵循古法精製，原是海線訂婚喜餅。民國77年，隨著大甲鎮瀾宮建醮大典南北香客流傳至各地。

### 雪花齋雪花餅

位於豐原市中正路巷內的老雪花齋餅店為百年老店，創始人「阿水伯」呂水於清光緒26年獲地方仕紳協助下開設雪花餅行，店名取「花鄉天下中秋桂，雪映莊前臘月梅」之意，雪花餅更是家喻戶曉。

### 林異香鹹蛋糕

林異香齋是林粿於民國 1 年開設的糕餅店，民國53年推出用麵粉、糖、蛋，夾入上等豬肉、香菇和紅蔥精心調製而成的鹹蛋糕。

### 美方芋仔冰

美方芋仔冰城為草湖人林寅於民國63年創立，當時的行政院長蔣經國對於方形芋仔冰十分好奇，因此「蔣總統最愛的芋仔冰」名號也傳遍全台。

# 戀戀半線情

## 古蹟采風錄

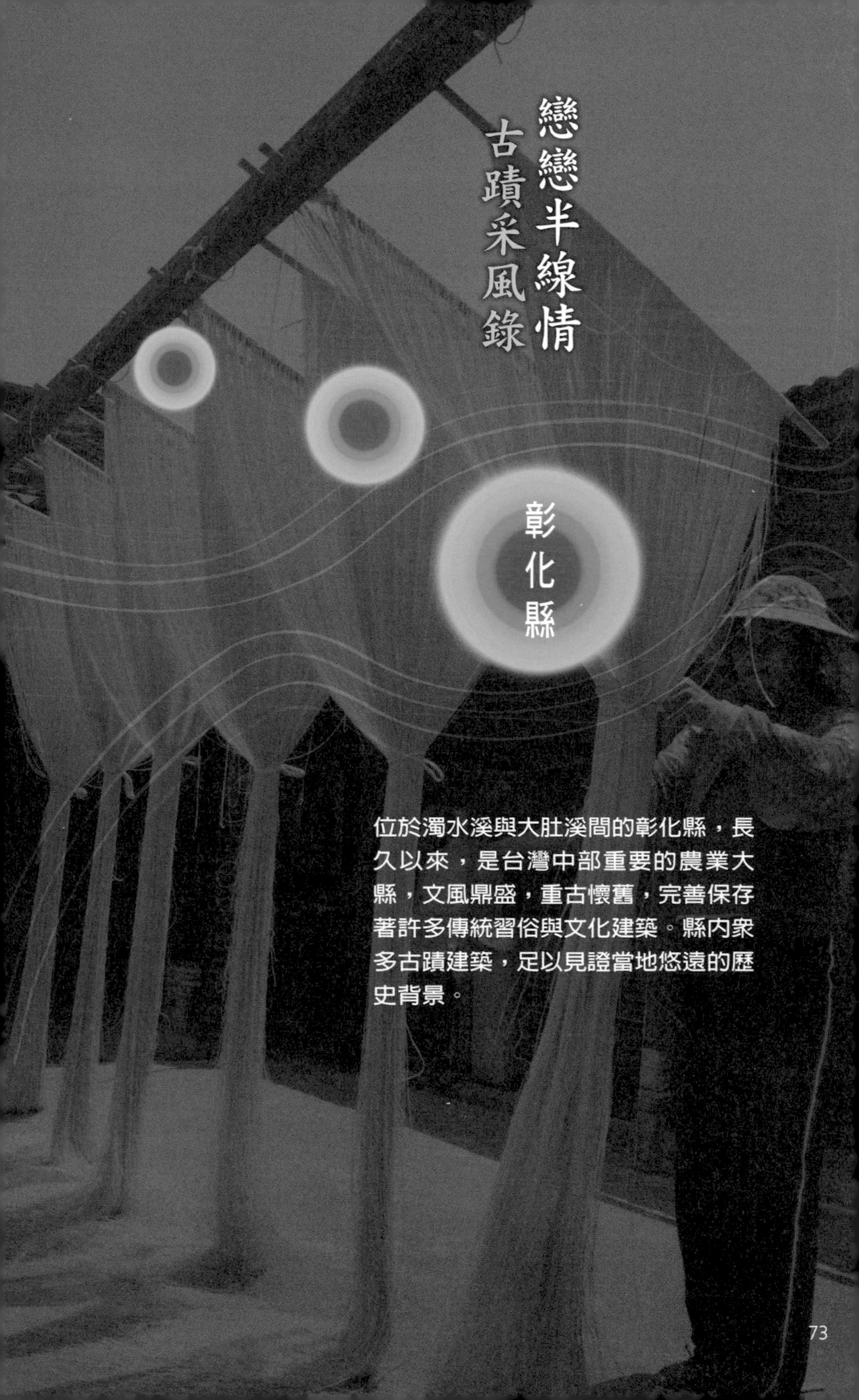

## 彰化縣

位於濁水溪與大肚溪間的彰化縣，長久以來，是台灣中部重要的農業大縣，文風鼎盛，重古懷舊，完善保存著許多傳統習俗與文化建築。縣內衆多古蹟建築，足以見證當地悠遠的歷史背景。

## 吳敦厚

曾獲得民族藝術薪傳獎的國寶級藝術家，15歲開始學習製作燈籠，推廣傳統文化不遺餘力。

**私房推薦景點**

隨意在鹿港小巷弄中漫遊，會有意想不到的收穫，並可細細體會小鎮風情。

古名「半線」的彰化縣，擁有富饒的農漁物產及豐富的人文歷史，並造就其多樣化的民俗發展與精彩的飲食文化，無論是幽林山景、綠野阡陌、海岸風光、人文懷舊、古蹟探索等，皆展現出生活、宗教與文化結合的緊密關係。

01 福興穀倉牆壁由粗糠穀和稻草、黏土塑造而成，建築特色為「老虎窗」。

02 彰化縣文化局後方有100階文學步道，可走上八卦山朝拜大佛。

03 彰化孔子廟中大成殿內的孔子牌位。

02

03

## 彰化地標 八卦山大佛、孔廟

大多數人對彰化的印象是從大佛開始的。22公尺高的釋迦牟尼大佛，被譽為台灣八景之一，竣工於民國50年，佛像底下的蓮座兩側有門可進入佛身，內設有佛堂可供祭拜。

八卦山下的孔廟建於雍正4年，為國定一級古蹟。彰化設縣於雍正元年，知縣張鎬倡建縣儒學，以彰雅化，此為彰化名稱由來，當時的縣儒學也就是今日的孔廟。

孔廟格局為四進三院，分別是大成門、戟門、大成殿與崇聖祠，兩側東西廡。大成門上方置有6個筒狀的通天筒，代表「禮、樂、射、御、書、數」六藝，兩旁為「下馬碑」與「萬仞宮牆碑」；戟門的設立更是台灣孔廟建築首例，大成殿供奉先賢聖人牌位，正中是孔子神龕及乾隆御賜的「道貫古今」匾額。

## 窗內有老虎的福興穀倉

福興鄉的福興穀倉建於1928年，為台灣中部最大的日式穀倉，牆壁由粗糠穀和稻草、黏土塑造而成，最大特色在於「老虎窗」，為「roof windows」諧音，方便通風和採光，能控制溫度。經歷九二一大地震的損壞，2003年整修後登錄為歷史建築，並定期在此辦展。

**彰化孔廟**
◎開放時間：8:00~17:00
◎電話：(04)723-6746

**福興穀倉**
◎開放時間：10:00~18:00（周一及國定假日休館）
◎電話：(04)776-8314

04 王功漁港內的跨港景觀拱橋，又名「情人橋」。

05 王功以橫掛養殖法，讓蚵仔結實有嚼勁，有「珍珠蚵」美稱。

06 鹿港天后宮。

07 鹿港小鎮風味古樸。

08 在鹿港可見竹編紙糊、手工繪彩的燈籠老舖。

## 王爺庇祐的王功漁港

王功早期居民信仰自福建奉承來的「池王爺」，當時海盜危害尤烈，屢屢靠著「池王爺」顯靈逼退，因此「王宮」改為「王功」。

漁港內的跨港景觀拱橋，以「王功」引申為「王者之弓」，採用易塑形之鋼料為橋樑材質，呈現幾何之美，搭配上八角形、黑白相間的直條紋造型的芳苑燈塔，為最佳旅遊景點。彰化縣政府每年7、8月間特別舉辦王功漁火節，重現彰化八大美景之一的「王功漁火」。

## 王功潮間帶的蚵藝之美

王功有著得天獨厚的潮間帶，南邊的濁水溪出海口，海中豐富的養分成為蚵仔最佳的食物來源。王功採用的橫掛養殖法，讓蚵仔結實且富有嚼勁，呈現珍珠般光澤，有「珍珠蚵」美稱。蚵殼也在當地文史工作者的巧思下，成為一件件匠心獨具的藝術品；孕育蚵仔的潮間帶則是個令人感到驚奇的生態寶庫。

06

07

08

## 滄海桑田的鹿港小鎮風情

從清代中葉開始，「一府、二鹿、三艋舺」說明了鹿港當年的繁華景況。曾是台灣第二大都市的鹿港，17世紀開始，荷蘭人即以此為台灣貨品的輸出要港。清乾隆49年，鹿港被指定為與泉州蚶江對渡的正口，成為台灣中部門戶。但隨著港口淤積，以及居民拒絕縱貫鐵公路通過，令鹿港小鎮從當年的繁盛轉為平淡；但也因為如此，小鎮傳統風貌才得以被完善保存。

在鹿港約有60間寺廟，廟多神多，是一大特色，這也反應出民間信仰的多元性。至於台灣典型的住商混合建築，遍布在鹿港的核心地區，門面窄、屋深長的店家是特色，當時街道上加頂棚的商店櫛比鱗次，形成知名的「不見天」奇景，以及為了避開強勁東北季風吹拂所設計的「九曲巷」。在熱鬧的中山路上，尚可見到許多即將失傳的手工藝老店，如製扇、神轎、製錫器、製香店鋪等等。

**王功蚵藝文化協會**
◎開放時間：09:00~17:00
◎電話：(04)893-6657

**鹿仔港文史工作室**
◎電話：(04)777-3278

09 彰化扇形車庫放射狀的股道通往每個機關車庫，就像是展開的扇子一樣。

10 停放的古董級蒸氣車頭。

## 扇形車庫 火車頭的旅館

全世界僅存的扇形車庫不多，台灣以前有6個扇形車庫—台北、新竹、彰化、嘉義、高雄、高雄港，目前只剩彰化這一座。以轉車盤為中心的扇形車庫，放射狀的12條股道通往12個機關車庫，就像開展的扇子一般。

1922年興建的扇形車庫只有8個車庫，隨著海線運輸量大幅提升，連帶車頭維修與保養也就更加頻繁，之後才加建其他車庫，因此又有「火車頭旅館」之稱。

火車從車庫出來後，以人力搭配物理原理行駛到轉車盤上，4個機工轉動數10噸重的火車頭，再將火車頭對準出門的鐵道，火車即可啟動；如今有了馬達，運轉上更省時、省力。

10



**彰化扇形車庫**

◎開放時間：平日8:00~17:00（例假日限團體預約）

◎電話：(04)724-4537

以前的車庫全部停放蒸氣火車頭，每個車庫上方都有排煙的煙囪，前段車庫無維修平台，中段車庫有一層維修柴油車頭的平台，後段車庫則有兩層維修平台，除了車身保養外，車頂的集電設備也得保養。

停放於此的車頭也都大有來歷，從古董級蒸氣車頭CK101、CK124、DT668，到民國40、50年代即執勤的車頭。雖然經歷九二一大地震及人為破壞，但彰化扇形車庫卻依然運作，不管是轉車調度、維修保養，或者趕著上班的列車長……，從第一車庫走到最後一個，就像進入時光隧道，從蒸氣火車、柴油機車到電氣化車頭，可說是一部台灣鐵路史的縮影。

11 因客人膩稱創立者動作俐落如「老鼠仔」，才有「貓鼠麵」之名產生。

## 品嚐彰化好滋味

小吃是庶民生活的延伸代表，也是進一步認識彰化的最佳途徑。

### 玉珍齋

玉珍齋創立於清光緒3年，鹿港商人黃錦特意從泉州請來糕餅師傅製作美味茶食糕點，因為口感細緻，便成為專賣糕點的餅舖，開始製餅歷史，以糕餅、蔴米粩酥為主。

### 彰化肉圓

肉圓幾乎成為彰化小吃的代名詞，著名店家有彰化市的阿璋肉圓、北斗鎮的北斗肉圓及員林肉圓等。

### 彰化貓鼠麵

「貓鼠麵」裡既無貓肉，也無鼠肉，得名乃因創立者動作俐落，顧客暱稱其為「老鼠仔」，因閩南語的「老鼠」與「貓鼠」音同，所以「貓鼠麵」延用至今。

# 好山好水間 與藝術相遇

## 南投縣

台灣唯一不臨海的南投縣，在好山好水的環抱下，擁有美好的自然資源，造就在地13個鄉鎮市都有專屬的農特產品；此外，全台最高的玉山，更成了藝術家創作發想的重地，除了感受濃厚藝術氣息外，更要品嚐當地知名的鄉土料理。

## 潘祈賢

暨南大學行政人員，同時也是埔里鎮藝術家的潘祈賢，自幼搬至埔里，深受當地藝術環境薰陶，擅長水墨畫、插畫及石雕。

私房推薦景點
南投自然景觀中，最推薦台灣第一高峰的玉山。

台灣最高峰的玉山，位於全台唯一不臨海的南投縣內，每年舉辦的玉山文學獎及美術獎，累積許多藝術創作者對玉山的描繪，也創造南投縣濃厚的文藝氛圍。至於因為與舊時代林木及製糖產業結合而興盛的台鐵集集線，留存的老文物令人追憶當年。

01 藝之森在成片的檳榔樹林中建蓋樹屋。

02 牛耳藝術渡假村內的石雕作品。

03 九二一大地震後修復完成的集集火車站。

02

03

### 藝之森檳榔樹上蓋樹屋

藝之森在成片的檳榔樹林中蓋了樹屋，木頭建成的樹屋，4個腳牢牢地綁在檳榔樹上，小陽台可供品茗觀景。樹屋內沒有浴室，但遊客可以在檳榔樹林中的陶瓷大水缸享受內含紅外線的蒸氣浴，還可倒入自己帶來的精油泡澡；喜歡DIY者可彩繪陀螺、打大陀螺、推石磨、做發粿。

從藝之森步行約5分鐘可到蛇窯陶藝教室玩陶，蛇窯也有多媒體視聽室、文物館等；隔壁的生態教育農場采荷莊可賞蓮、做昆蟲蠟燭、紙雕、押花和葉拓。

### 車埕車站 最後的火車站

台鐵集集線是南投縣目前僅存的鐵路，已有80多年歷史。其中離蛇窯10分鐘車程的集集鐵路支線終點站—車埕車站，有「最後火車站」和「最美的小站」之稱。日治時期為輸出埔里糖廠的蔗糖而設，1960年成為南投木材的主要集散地，如今還留著當年的工廠、員工宿舍、貯木池、運材鐵道、天車等。

貯木池現已整理成湖，並搭建小木屋成為湖畔咖啡屋，屋旁運送木材的高架天車和抓木頭的鐵爪仍保持良好，可自己動手拉抬鐵軌上的平板車，享受一段鐵道人力車之旅。另設有酒莊，可在品酒簡報專區免費品酒，小朋友可在此做砂畫DIY。

### 素人雕刻家的石雕展場

牛耳藝術渡假村原為素人雕刻家林淵的石雕公園，石雕作品錯落放在綠油油的寬廣草皮上，清晨或黃昏漫步其中，不經意的和充滿童趣的質樸表情不期而遇。另設有餐廳、小木屋和SPA館，變身為具藝術及休閒功能的峇里島風渡假村。

車埕車站
◎電話：(049)287-0399
牛耳藝術渡假村
◎電話：(049)291-2248

## 文武廟一賞建築藝術

1932年，日月潭建壩儲水後，潭畔的龍鳳宮及北吉巷的益化堂因潭水淹沒而遷廟；1934年，兩廟合一，為文武廟前身；1969年重建，以「北朝式」格式建築，為今日的文武廟。正門臨環湖公路，方位坐東向西、背山面湖，有盡攬江山的磅礡氣勢。主要建築為「一埕、二庭、三殿」，正殿主祀武聖關羽，又名「武聖殿」，是文武廟群築中最大的建築，正方型的殿堂格局，彰顯關聖帝君的威嚴；後殿主祀孔子，取名「大成殿」，依儒教古制構築，屋頂採罕見的重檐廡殿式，是宮殿式建築最高等級，表彰孔子「至聖先師」地位。

04 日月潭的美麗海景。

05 仿唐式日本風的武德殿。

06 桃米生態村內可見到全台半數以上的蛙類。

## 武德殿變身縣史館

日治時期，台灣各地陸續成立大日本武德會支所，南投武德殿即是此時代背景下的產物。武德殿仿唐式日本風建築，九二一大地震後規劃為文化園區，分為縣史主體展示館、南

06

投陶展示館、文獻閱覽室、典藏室等。參觀時，可注意屋頂棟樑上可見證日本武士興衰史的紅檜木「棟籤」書寫文字、特製的經卷型鬼瓦（中央有「武」字）和兩側山牆上的木製懸魚，迎風面上有通風用的格柵建築。

## 桃米生態村 與蛙類相見歡

桃米生態村茅埔坑濕地內青蛙生態豐富，可與全台約三分之二的青蛙相遇。

生態保護相當成功的草湳濕地，夏天時蝴蝶、蜻蜓滿天飛，還可坐著蜻蜓流籠滑盪過濕地；另外設有放大造型的虎皮蛙解說室，以及踩上去會發出巨響的嚇一跳吊橋，讓人親身體驗並發掘生態的趣味。

## 龍南天然漆博物館欣賞漆器精品

龍南天然漆博物館可說是台灣碩果僅存，從種漆樹、提煉漆液到製作成品一貫作業的天然漆工廠，館內除了可觀賞於戰國、明清和民初時期館藏的數百件漆器精品，還可一探獲得國家大獎的國寶級漆器作品面貌。

龍南天然漆博物館
◎電話：(049)298-2076

07 玉山具有多樣化的植被景觀。

08 竹藝博物館中可見到兒時的竹編生活用品。

09 中寮鄉的棋盤石。

## 玉山 台灣第一高峰

海拔3952公尺的玉山，是台灣第一高峰。登玉山時，在山風輕拂下，跨棧道、過碎石、攀峭壁、越叢林，無比舒暢。除了攻上主峰外，至排雲山莊沿途兩旁，11月色彩斑爛的石竹、玉山沙參、台灣澤蘭和山油點草開得正燦爛，而高山野鳥最喜歡啄食的假沙梨果實也正殷紅誘人，賞心悅目。

高度、地質及氣候等因素影響，造就玉山豐富多樣的林相和植被景觀，中海拔地區有珍貴的檜木林，再往上的台灣鐵杉和雲杉筆直挺拔，3500公尺以上有玉山圓柏奮力生長著。3、4月為花季開始，直到6月繁花盛開，以及11月的野花遍地，登玉山都能盡享花顏。但是3月的短暫小雨，以及接續的梅雨季和颱風季，天候的不穩定讓登玉山難度加高，攀登前，請先洽詢玉山管理處。

08

09

## 竹藝博物館 老古董新生命

竹藝博物館藏身於南投縣文化局地下樓層，戶外種植多種品種的竹子，館內收藏有先民日常的竹器，還有下田耕作時，戴在身上可防雨、有如龜殼的「龜甲笠」，以及以竹筒製成的「水鬼救生桶」，當年被用於湍急溪流中以遠拋救溺用，其效果不比現今科技產品差。

參觀竹藝館時，還可看到老一輩兒時曾使用過的乳母椅、剃頭椅和吊籃等竹編製品，以及童玩啞巴蟬，令人回味古玩意兒。

## 中寮鄉植物染 大自然的饋贈

在中寮鄉民共同努力下，多年來陸續闢建出原生種植物公園等景點，並研製有機養生餐、植物染、壓花和採石、採蜂王乳等活動，民宿也逐漸成形，旅遊環境完善。12月為柑橘成熟期，亦可體驗摘果樂。

中寮植物染是九二一大地震後新興的產業，中寮媽媽們從中寮山間各種植物的根、莖、葉、花和果實取材，不添加化學染劑，透過創意及巧思而開發出帽子、筆記本、絲巾、提袋、胸花和窗簾等用品，亦可現場進行押花DIY的體驗活動。

**竹藝博物館**
◎開放時間：周二至周日9:00~17:00
◎電話：(049)223-1191

**玉山管理處**
◎電話：(049)277-3121

10 信義鄉開發的梅醋、茶梅等產品。

## 品嚐南投好滋味

南投以美人腿茭白筍最有名；中寮押花、埔里酒為最佳伴手禮；信義鄉的酒則在「海角七號」電影推波助瀾下，供不應求。

### 美人腿茭白筍

埔里水孕育的茭白筍白皙甘甜，亦可生食，10至11月為產季。

### 佛光押花工坊

將中寮豐富的自然花草放在杯墊、小夜燈、紅茶杯、筆記本、相框、卡片、書籤和髮夾裡，遊客亦可參加工坊推出的押花DIY課程。

### 酒香傳千里

埔里酒廠最受歡迎的是紹興酒、陳年紹興酒，其中有5種口味、含4cc酒精濃度的紹興冰棒最受歡迎，其他還有紹興米糕、紹興不老蛋、紹興梅、紹興鳳爪等。信義鄉則是全台最大產梅區，開發梅醋、茶梅和梅汁等產品；豐丘村是著名的葡萄產區，加上當地原住民分布廣，發展出梅酒、葡萄酒和小米酒等產品。

「偶」心瀝血
品味純樸
雲林縣

## 丁仁桐

擅長繪畫，用畫筆記錄環境和在地生命、農村生活的樸實、討海人與大海搏鬥的過程、昔日老街等等。2000年籌設台西藝術協會，並投入社區總體營造，將藝術融入社會。

私房推薦景點
安西府，兼具宗教信仰、建築藝術及觀光休閒功能。

廟宇是構成台灣文化特色的重要指標，雲林縣聞名全國、信徒遍布海內外的廟宇比比皆是，也是熱門觀光景點，其中北港朝天宮、麥寮拱範宮已列入國家古蹟之列。有「偶戲故鄉」之稱的雲林，1999年承辦台灣偶戲節至今，讓人找回當年哈買二齒、史豔文伴隨兒時成長的情感。

01 西螺大橋為台灣西部縱貫公路的交通樞紐，也是雲林人心中的精神象徵。

02 北港朝天宮建於1649年，是國內媽祖信仰聖地之一。

03 拱範宮正殿「人生四暢」中之掏耳，展現常民日常生活滿足。

02

03

## 北港朝天宮之三月瘋媽祖

北港朝天宮建於1649年，是國內媽祖信仰聖地之一，並可同時欣賞百年以上建築之美。廟宇共分四進，第一進的三川殿，左右為龍門及虎門；第二進為拜殿與正殿；第三進為觀音殿，兩側為三官殿及文昌殿；第四進為聖父母殿，兩側為後廂房及洋樓，保留閩南廟宇傳統格局，木刻、石雕、屋頂剪黏、交趾陶居等均出自當代大師之手。

農曆3月19日至24日舉辦的媽祖遶境祈安活動，可看到報馬仔、傳承百年以上的傳統陣頭、犁炮、踩炮、炸轎等，只要對藝閣花車上的小朋友招招手，他們就會丟下吃了會保平安的糖果。

## 拱範宮 大師代表作

建於1685年，奉祀的媽祖被尊稱為「開山媽祖」，約1920年重建，結合當代廟宇建築兩大派別大師之作，剪粘藝術為其翹楚，塑鳥雕花、蟠龍附鳳，並融合海洋文化，蝦、蟹等躍然其上；正殿的「人生四暢」，以掏耳、挖鼻、抓背、打哈欠等展現常民4種滿足，做工之細，令人驚嘆。

**北港三月瘋媽祖**

◎舉辦時間：每年農曆3月19日至24日

04

04 水藏，是一種以竹篾編扎而成的圓桶狀物。

05 牽水藏，為超渡溺水意外死亡孤魂的儀式。

06 太平老街古典的建築面貌。

07 斗六太平老街上有許多棟巴洛克風格建築房舍。

## 鎮安宮元宵吃飯擔

鎮安宮於每年元宵節恭請五年千歲遶境廟轄各村落祈福，並由各村莊輪流提供大量的飯擔（油飯等不易壞的食物），給遶境陣頭及善男信女吃平安。輪值的村庄村民準備數百攤飯擔，在未種植農作物的農田上一字排開，成千上萬互不相識的人們齊聚吃著平安飯。

## 口湖鄉萬善祠牽水轙

1845年雲林沿海地區發生大水災，約有萬餘人死於此災或是其後發生的瘟疫，劫後餘生者將罹難者屍體集體埋葬，於每年農曆6月8日舉行「牽水轙」。

05

06

07

牽水藏，為超渡溺水意外死亡的孤魂的儀式；「水藏」，是一種以竹篾編扎而成的圓桶狀物，外表糊上花紙，分為三層，中間一支較長竹竿可轉動藏身，可將溺水者的靈魂從地獄牽引出，並進行超渡。

## 情牽半世紀 夕照西螺大橋

西螺大橋默默守著濁水溪逾半世紀，橋長1.93公里，是遠東最長的鐵橋，為台灣西部縱貫公路的交通樞紐，目前為半退休狀態，卻是在地人心中的精神象徵。當夕陽西沉，璀璨金黃的夕映照在灼紅色的西螺大橋上，如同一幅巨大的田園畫作。

## 斗六太平老街 風華絕代

太平老街位於斗六市，街上擁有80多棟巴洛克式建築，建於日本明治、大正、昭和時期，這些百年建築訴說著當年的繁華榮景。1997年的太平路歷史街區再造計畫中，拆除原先遮住建築牆面的大招牌，道路也鋪設磚造路，並有藝文活動進駐，結合文化與藝術。

**鎮安宮元宵吃飯擔**
◎舉辦時間：每年元宵節

**萬善祠牽水藏**
◎舉辦時間：每年農曆6月8日

08 虎尾布袋戲館。

09 已故之一代布袋戲偶大師—黃海岱。

10 古坑鄉為台灣咖啡原鄉，連民宿都推出咖啡民宿—山中茅廬。

11 12 古坑咖啡。

## 掌中舞乾坤 好戲連台

布袋戲是農業社會最重要的常民藝術，有「偶戲故鄉」之稱的雲林縣，1999年承辦台灣偶戲節，至今已滿10年，從活動中讓人回味當年藏鏡人、史艷文伴隨成長的情感。

早期雲林境內有北管布袋戲與潮調布袋戲分庭抗禮，中期以「五洲園」的黃海岱與西螺「興閣派」鍾氏家族為代表。經過時代興革，從傳統到金光戲，再到結合電腦動畫科技的霹靂布袋戲，代代都有傑出的表現。

「金光閃閃—2008國際偶戲節」於11月22日到12月7日在虎尾鎮極富歷史性的建築資產—雲林布袋戲館、合同廳舍、郡守官邸舉行，為了讓偶迷欣賞到不分國界、派別、現代與傳統的精彩偶戲，現場邀請國內外知名戲團演出，旨在深化本土偶戲的傳承。

雲林國際偶戲節
◎舉辦時間：每年11月至12月期間

台灣咖啡節
◎舉辦時間：每年12月

## 咖啡香揉合柳丁味

2003年，雲林縣政府和古坑鄉農會等合辦為期3周的第一屆台灣咖啡節，成功炒熱台灣咖啡—古坑咖啡風潮。古坑以文化包裝本土咖啡，透過種植歷史及相關人文活動，讓古坑咖啡以「說故事」的方式推銷自己，創造古坑咖啡傳奇。

古坑鄉華山素有「雲林縣陽明山」之稱，聳立於嘉南平原上，晴朗時可遠眺澎湖，在台灣咖啡原鄉的魅力加持下，帶動當地咖啡產業發展，也成為雲林重要的觀光要地。

除了咖啡外，古坑鄉亦有「橙鄉」之美名。50年前，柳橙被引進古坑鄉麻園村，因環境適宜，創造古坑柳丁的「黃金傳奇」。

原本古坑咖啡節與柳丁節是各自舉行，2005年擴大結合地方產業，結合北港大餅的山海一家親、柳丁收成的橙山橙海等，全面帶動在地光觀光產業發展。

13 古坑咖啡館內可喝咖啡，也可看風景。

## 雲林特產好口碑

雲林縣農作物栽培技術與品質有口皆碑，更積極推產業文化與行銷結合，推出多項獨具特色的農特產品。

### 經典好米代表

濁水米是台灣好米代表，莿桐鄉米更是獻納日本天皇的御用米。宏田合作農場推動安全無毒、產銷履歷的種稻方式，強化田間管理及碾米分色技術，兩度入選「十大經典好米」。

### 古坑咖啡

古坑鄉是台灣咖啡的原鄉，華山風景區更是全國庭園咖啡店最密集之處，喝咖啡還可賞景。

### 丸莊醬油

創立於1909年的丸莊醬油，因為水質、氣候與堅持古法釀造技術，為西螺地區最悠久的醬油品牌，生產傳統純釀造黑豆蔭油，並將老廠房改成台灣首座「醬油博物館」，讓遊客瞭解傳統黑豆蔭油的釀造。

### 台西文蛤

台西是全國重要的養殖文蛤產地，文蛤鮮美碩大，並開發出文蛤湯包、醃文蛤等相關食品。

# 諸羅桃城

## 綻放藝文風華

### 嘉義市

「諸山羅列，平疇綠野」，位於嘉南平原中心的嘉義市，舊稱「諸羅」，建城300多年，人文薈萃，台灣珍貴的民間工藝「交趾陶」發源於此，亦為國寶級阿里山森林鐵路進出門戶，藝術人才輩出，文化節慶眾多，造就其璀璨的藝文風華。

## 蔡榮順

成立交趾陶協會，投身各類藝文展演活動，他認為，嘉義市已奠定藝文規模，未來應以塑造城市風格、突顯諸羅文化為主訴求。

私房推薦景點
嘉義公園、阿里山鐵路北門驛與營林產業、傳統工藝交趾陶、熱帶與副熱帶農林試驗景觀。

嘉義市古以「諸羅」為名，1704年築城，因形如桃，亦名「桃城」。乾隆時的「林爽文事件」，諸羅軍民以性命守城，因此御賜城號「嘉義」。阿里山森林鐵路興建後，當地製材工業興盛，亦將藝文推向巔峰。

01

01 嘉義市為進出大阿里山區的進出門戶。

02 市定古蹟的北門驛，早年為阿里山森林鐵路起點。

02

## 百年營林建築群 見證輝煌軌跡

探尋嘉義發展史，近百年歷史的營林機關群絕不可錯過，其中，嘉義市營林事業為台灣木材產業先驅，如今尚保留許多遺跡。

市定古蹟的北門驛是阿里山森林鐵路起點，建於1910年，周邊曾是全台最大的木材交易市場，為林業與鐵道繁榮寫下見證；另一個市定古蹟的營林俱樂部，為日治時期高級社交場所，建於1914年，為英國都鐸風格。1914年啟用的嘉義第一製材所是東亞規模最大的製材所，以實心台灣紅檜為建材；阿里山火車修理工廠旁的小木屋則為早年全檜木建築毀於祝融後僅存的歷史見證，造型與阿里山鐵路沿線木造車站相同，改為展示林業工藝。

## 嘉義林業藝文軸帶 融合新舊紋理

嘉義市林業藝文軸帶從台鐵嘉義站到阿里山森林鐵路北門驛間，有舊嘉義酒廠改造後的創意文化園區、鐵道藝術村、阿里山森鐵嘉義車庫園區、市立博物館等。

嘉義創意文化園區由全台最早生產高粱酒、有「白酒故鄉」之稱的舊嘉義酒廠改成，7座歷史製酒建築再利用為藝文展演空間。嘉義鐵道藝術村則利用嘉義火車站北側多個廢棄鐵路倉庫改建，歷經多屆駐村藝術家進駐耕耘，成為當地藝術創作基地。

嘉義第一製材所
◎電話：(05)278-8225
阿里山火車修理工廠小木屋
◎開放時間：周六、周日9:00~12:00、14:00~17:00

03 嘉義舊監獄。

04 交趾陶大師高枝明作品—水月觀音。

05 台灣前輩畫家陳澄波雕塑作品。

06 管樂意象公共藝術品。

## 細數諸羅歷史足跡

建於1910年的嘉義公園是全台最老公園之一，園內匯聚諸羅建城300多年發展歷程。順著公園步道慢行，沿途可欣賞台灣前輩畫家陳澄波9幅美麗畫作，將寫生油畫與公園結合，增添更多藝文氣息。

列為國定古蹟的嘉義舊監獄，為台灣僅存的日治風格監獄建築，亦是目前世界僅存兩座「西夕凡尼亞式」建築之一，是現代化監獄先驅，極具保存價值。輻射狀監舍讓管理者在中央台就可監控各監房動態，法務部決定在此設置「獄政博物館」。

## 嘉義燒創造在地藝文涵養

原為寺廟建築裝飾的交趾陶，集捏塑、彩繪、燒陶於一身，融戲曲文學、歷史神話於一體，因具寶石釉彩而成為民間收藏藝品。多位宗師均出身嘉義，並在此授徒傳藝，日本人甚至將交趾陶稱為「嘉義燒」。

05

06

肩負「交趾陶故鄉」美名，嘉義市從民國86年開始辦理交趾陶藝術節，並成立全國唯一的交趾陶館，介紹交趾陶源流及作品。

石猴雕刻則是另一種在地創作，原石多來自八掌溪流域貝類化石，從「猴王」詹龍創作至今，已超過一甲子，每顆頑石皆經過藝師巧思雕琢，栩栩如生。與國際管樂節同時舉辦的石猴戶外創作展，打響「桃城石猴」名號。

## 藝文節慶 發散城市樂音

1993年開始舉辦的國際管樂節，如今已成為國內外管樂年度盛會之一，每年都有上百支國內外管樂團隊參與表演，還有管樂裝置藝術展、管樂創意踩街等，2011年舉行之世界管樂年會也將在嘉義市登場。

繼盛大的國際管樂節後，嘉義市陸續推出5月舉辦的提琴節、10月舉行的國樂節、11月展開的飆舞節等，期待「充滿音樂的城市」成為嘉義市的城市風格。

**嘉義鐵道藝術村**
◎開放時間：周二至周日9:00~17:00
◎電話：(05)232-7477

**交趾陶館**
◎開放時間：周二至周日9:00~17:00
◎電話：(05)278-8225

**國際管樂節**
◎舉辦時間：每年歲末時節

07 王記肉包位在嘉義市圓環旁。

## 桃城美食古早味

嘉義市開發較早，一甲子以上美食店家不少，南北小吃匯集。

### 光正堂餅舖 老店高人氣

中山路的光正堂餅舖是日治迄今極少數店址、店名未改的老店，產品為和式點心，麻糬為人氣商品。

### 傳統美食大鳴大放

市中心噴水圓環周邊以噴水雞肉飯最出名，文化路上還有郭家美食粿仔湯，四代傳承，以純米現磨後蒸炊，滋味一流。東門圓環旁的火婆煎粿，有油蔥粿和蘿蔔粿兩種，現炊現煎。從民國路搬遷而來的知名王記肉包在圓環旁和平路上，肉包鮮美多汁，嚼勁十足。中正路上的聰明砂鍋魚頭，傳承三代，料多實在。

### 伴手在地禮

嘉義市票選出的「諸羅十大伴手禮」包括：老楊方塊酥「名勝大禮盒」、金榮美囍餅舖「香菇素魯肉」、南馨食品店「阿里山羊羹」、恩典酥本舖「恩典方塊酥」等。

# 暢遊嘉義

## 山海共鳴

### 嘉義縣

北回歸線如長虹般橫越嘉義縣境，分隔出空間、地理，並在濱海、平原、高山等自然景觀中，形塑出適宜人居的氣候和風貌。時間長河不停，歷史軌跡深刻，先民在媽祖庇佑下，創造出嘉義縣樸實的文化內涵。

## 陳文忠

投身製香事業20多年，創設新港香藝文化園區，他表示，新港在社區總體營造和大甲媽祖遶境進香等刺激下，展現豐沛文化活力，也讓香藝、交趾陶等傳統產業重拾往日輝煌。

**私房推薦景點**

新港奉天宮、朴子配天宮工藝；騎單車一覽朴子溪畔聚落或乘觀光船筏一覽布袋漁鹽產業。

嘉義縣坐擁多變海景、壯麗山色與遼闊平原。東石、布袋沿海為先民上岸開墾之處，漁業、鹽業發達；平原文化以媽祖信仰為主，廟宇古蹟林立，故宮南院更是台灣未來重要文化觀光據點；山區有知名的阿里山森林鐵路及令人醉心的鄒族原住民族文化。

01 從阿里山祝山眺望台遠眺玉山山脈。

02 蔗埕文化園區。

03 六家佃自行車吊橋。

02

03

## 布袋、東石 漁村好風光

布袋鎮以「布袋嘴」港灣得名，漁鹽產量豐，成就昔日繁華。在文建會補助下，消失鹽田在龍江里洲南場重現，從踩水車取水、滾動鹽田石輪、曬鹽到收成，體驗人工曬鹽過程。

有200多年傳統的新塭嘉應廟「衝水路、迎客王」，在每年農曆3月27日，神明與信眾齊聚王船碼頭，衝入水中相迎遠道而來的代天巡狩客王。神轎回鑾時，上萬信眾跪伏馬路「鑽轎腳」，人龍綿延甚長。

蚵仔的故鄉—東石，古稱「猿樹港」，近海漁撈發達，數千公頃蚵棚遍布沿海。東石漁人碼頭是沿海最佳藝術展演處所，也是端午龍舟比賽地點。

## 創意文化 平原特色

六腳鄉的蔗埕文化園區原是日治時期全台第三大糖廠的蒜頭糖廠，文化園區也是朴子溪自行車道起點，糖廠旁橫跨朴子溪的六家佃自行車吊橋，為全台最長吊橋。

刺繡工藝已發展近一甲子的朴子市，早年南部各廟宇的神像刺繡服飾、神桌布及令旗等，幾乎全出自於朴子。經由文建會補助而成立的刺繡文化館，由鹽館改設而成，展示並傳承在地刺繡工藝。

**蔗埕文化園區**
◎電話：(05)380-0741

**刺繡文化館**
◎開放時間：9:00~17:00（周一休館）
◎電話：(05)366-0985

**衝水路、迎客王慶典**
◎舉辦時間：每年農曆3月27日

04 新港奉天宮因大甲媽祖遶境進香而名號響亮。

05 陳忠正的交趾陶作品－花開並蒂。

06 嘉義表演藝術中心是嘉義縣文化新地標。

## 古蹟廟宇 懷舊訪勝

王得祿將軍是清代台灣人在朝為官中官位最顯赫者，葬於嘉義縣六腳鄉。王得祿將軍墓園碑前有供祭拜用之夯土平台，台前文武官、石翁仲守護神各一，石雕備馬、臥羊、石虎分立兩側，墓右前方設有后土，為一級古蹟。

新港鄉奉天宮內工藝作品首屈一指，彩繪由洪平順大師與國家薪傳獎陳壽彝大師同場獻藝；廟頂三川殿上的「福祿壽」出自民族剪粘藝師林再興及其弟子之手，拜殿旁交趾陶「水車堵」更是全台唯一由洪坤福、石蓮池和林再興三代大師創作的裝置藝術。

## 傳統工藝 歷久彌新

板陶窯內的交趾陶作品供應全台眾多廟宇使用，是交趾陶產業傳承的重要功臣。園區內有工藝展示館，亦開設捏陶、剪粘等工藝課程。

笨港陶華園則是國內以交趾陶為主題所成立的休閒文化園區，園主謝東哲為一代交趾陶宗師洪坤福第五代傳人，致力交趾陶教育傳承，知名作品為高雄縣清水寺，長10公尺、高3.5公尺的全國最大交趾陶壁堵。

## 藝文展演文化基地

矗立在民雄台一線公路旁的表演藝術中心，是嘉義縣文化新地標，以文化公園概念設置，閩南式建築古意盎然，為結合表演、教育、展示、休閒等多樣化功能的藝文特區。

06

另一處位在朴子藝術公園內的梅嶺美術館，為感念藝術大師吳梅嶺終身教育精神和藝術成就而籌建，民國84年在其百歲生日時落成啟用，館內收藏梅嶺大師親筆畫作。

## 節慶文化 豐富民心

配合媽祖遶境活動而舉行的媽祖文化節，2008年起擴大為「媽祖文化祭」，從11月至隔年農曆3月媽祖聖誕過後為止，長達5個多月，其中農曆正月新港媽祖遶境祈福，將橫跨嘉雲兩縣六鄉鎮65個庄頭，為期8天。

嘉義縣獨創的「北回歸線環境藝術行動」，從2005年開辦至今，2006年嘗試藝術家駐村，2007年由藝術家駐地生活，2008年則邀請藝術家進行長達4個月的創作，藉以落實生活即藝術，藝術即生活的理念。

**梅嶺美術館**
◎開放時間：9:00~12:00；13:30~17:00（周一及周二上午休館）
◎電話：(05)379-5667

**媽祖文化祭**
◎舉辦時間：每年11月至隔年農曆3月媽祖聖誕

**北回歸線環境藝術行動**
◎舉辦時間：每年6月至12月期間

07 阿里山森林鐵路為百年國寶。

08 阿里山火車站為全台最大的木構造車站。

09 鄒族傳統竹編工藝運用在生活用具之中。

10 鄒族傳統舞蹈，舞者姿態優美。

## 阿里山森林鐵路 百年國寶

阿里山鐵路的鹿麻產車站興建於1910年，為全檜木大阪式建築；另一處的竹崎車站則有近百年歷史，為扁柏建構的日式驛站。至於全台最大木造車站的阿里山火車站，月台木質遮棚為半拱型，設計獨特，站前另設有觀景平台，可眺望雲海、晚霞、夕陽美景及岩壁層次分明的塔山。

蒸氣老火車頭則是阿里山鐵路早年運輸功臣，嘉義林管處先後整修林鐵26號、31號、25號蒸氣火車頭，改為符合環保的柴油鍋爐，讓蒸氣老火車頭重新行駛於阿里山森林鐵路上，並搭載仿造日治時期貴賓車廂打造出的檜木車廂，令人重溫懷舊時光。

## 鄒族文化 和諧山林

相傳天神哈莫在玉山搖落楓葉，創造鄒族人，並在大洪水退去後，用雙足踏出族人繁衍的天地，目前鄒族有來吉、樂野、達邦、特富野、里佳、山美、新美、茶山等8個部落。

鄒族人透過祭典儀式表達虔誠敬畏之心，如播種祭（Miapo）在祈求小米順利生長；每年2月15日由特富野和達邦兩大社輪流舉辦的瑪雅斯比（Mayasvi）戰祭，在向戰神祈求；小米成熟時節舉辦的禾滅雅雅（Homeyaya）小米祭，祈求小米女神孕育豐收。

傳統工藝則表現在生活器具上，如背藍、竹籠等，另有狩獵、漁撈、食器，以木、竹、籐為主；現代工藝的服飾、木雕、石雕、織布、竹籐編、彩繪、陶藝、皮雕也很精彩。

至於生態保育上，山美村的達娜伊谷溪為著名的生態護育寶地，山美社區發展協會更積極在達娜伊谷公園內融入鄒族建築、歌舞、美食、手工藝等原民傳統文化。

09



生命豆季

◎舉辦時間：每年二月，為年度文化活動

10

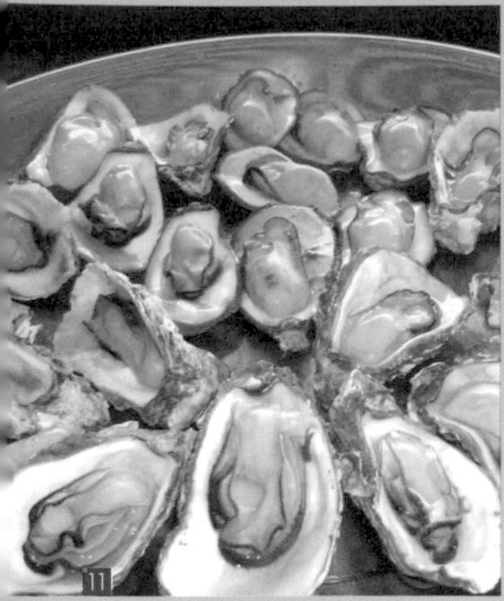

11 東石肥美的鮮蚵令人垂涎。

## 風味美食 在地特產

從鄒族原住民傳統風味餐，新港、民雄、竹崎地方小吃，到東石、布袋的新鮮海產，嘉義縣內美食特產令人齒頰留香。

### 鄒族風味餐 原汁原味

鄒族代表美食是相思木烤山豬及竹筒飯，以鄒族傳統圓盤燒烤後，切片上桌，最多也只是沾鹽食用，享受食材原味與相思木燒烤香氣。

### 竹崎小吃 一吃難忘

位於中山路竹崎農會旁巷子裡的阿桑水晶餃，顆顆晶瑩剔透；中正路上的文成羊肉湯，開店70多年，新鮮羊肉加上大骨熬製的濃湯，清甜鮮美。

### 新港美食 唇齒留香

新港鄉的新港飴，由花生糖、麥芽糖混合而成，香Q爽口。廟前香客大樓內的天觀珍，傳承三代，代表成雙成對的「雙仁潤」十分知名，還有新港鴨肉羹、大樹下阿欽伯粉圓等。

### 布袋、東石蚵仔料理 物美價廉

布袋、東石蚵仔養殖全台第一，海產豐富且新鮮。布袋觀光魚市內的蚵仔煎攤，肥美蚵仔入口即化，搭配獨持醬料；東石廟口的蚵嗲，外脆內軟，香氣四溢。

# 戀上府城

## 探索文學之美

### 台南市

對於台南市的印象，不外乎是古蹟與美味小吃，此外七夕當天舉辦的「做十六歲」活動，不讓情人專美於前，讓滿16歲的年輕人了解必須具有使命感及責任感。對於文學有興趣者，位在台南市區的國立台灣文學館，為台灣第一座國家級文學館。

## 鄭道聰

文獻委員鄭道聰認為，府城就像一本台灣歷史，適合親子旅遊，休閒之餘吸收歷史文化。市區內林立的廟宇則是社會進化的最佳證明。

私房推薦景點

安平樹屋就像一幅抽象畫；公園路上的日治房子，再利用後成為餐廳，讓更多人注意到它的歷史。

府城之都的台南市，從遺留的歷史古蹟即能聞嗅出融合各國風情的多元樣貌，包含英式的德記洋行、荷式的赤崁樓、中西融合的德商東興洋行、安平老街等等，這些文化老建築就足夠讓人欣賞一整天；最後品嚐美味的台南美食，滿足又飽足。

01 安平古堡。

02 德記洋行為英商在台第一個貿易據點。

03 劍獅相傳為安平人的守護神。

02

## 外商老洋行 中西合璧

英商德記洋行樓高共三層，坐北朝南，走廊圍以綠釉瓶飾欄杆，搭配白色粉牆、拱門、迴廊，深具歐式風格。原為英商在台第一個貿易據點，也是唯一僅存，日治時改為「鹽業會社」；光復後為「台南鹽場辦公廳舍」，現為「台灣開拓史料蠟像館」。

位於安平古堡旁的德商東興洋行，經營樟腦和糖的貿易，日治時改為「警察派出所」，現為「安平外商貿易紀念館」。拱廊建築的東興洋行，坐東面西，欄杆飾以綠釉花瓶，房間內有壁爐，屋頂為傳統屋瓦，風格東西合璧。

## 安平老街 全台第一條商店街

延平老街是全台第一條商店街，街上的「劍獅埕」為保存劍獅而設，相傳劍獅是安平人的守護神，大眼、大鼻、大耳朵，口中所咬之劍，由左至右為祈福，由右至左為避邪，口咬雙劍者則可鎮煞。如今許多古老劍獅圖騰雖已不復見，但正合興蜜餞行老店內還保存了三隻雕刻精美的劍獅，遊客可前往欣賞。

03

**英商德記洋行／安平樹屋**
◎開放時間：8:30~17:30　電話：(06)391-3901
備註：安平樹屋與德記洋行（台灣開拓史料蠟像館）為同一入口，共用一張門票

**德商東興洋行**
◎開放時間：周日至周四10:00~22:00、周五至周六10:00~24:00
◎電話：(06)228-1000

04 安平樹屋原為德記洋行老倉庫，荒廢後，多棵百年老榕樹在屋內橫生。

05 國立台灣文學館為台灣第一座國家級文學博物館。

06 國立台灣歷史博物館如今只開放行政典藏大樓中之閱覽室

## 安平樹屋的詭譎震撼

安平樹屋原為德記洋行荒廢的老倉庫，好多棵百年老榕樹在屋裡橫生，盤根錯節的榕樹與建築物糾纏不清，使得原本平淡的倉庫成為一間氣氛弔詭的樹屋。

踏進安平樹屋，有驚見吳哥窟塔普倫寺影像的震撼，張牙舞爪的樹幹從高大的城牆隙縫中探頭而出，粗壯的樹根環抱住纍纍石塊，好似要將城牆吞噬掉。屋內房門被多條垂直而下的氣根擋住去路，側身而過，有種進入叢林冒險的幻覺。抬頭只見牆壁上布滿粗細不一的氣根，乍看好像一幅浮雕作品。

踏上台南市政府特別搭建的空中木棧道，穿屋而出的榕樹華蓋像朵花；往下俯瞰，遍地蔓延的氣根，無所不在又四處張網，讓人產生一種隨時會被捲入的詭譎感。

05

## 台南市藝文展演好所在

台灣第一座的國家級文學博物館便是位在台南市區的國立台灣文學館，透過展覽、活動推廣等教育方式，讓人親近文學，也帶動文化發展。館內展示著從早期原住民、荷西、明鄭、清領、日治、民國以來的台灣文學作品。

2007年成立的國立台灣歷史博物館，目前僅開放行政典藏大樓4樓「台灣史專門圖書室」供閱覽使用，其餘設施將於2009年中下旬開放，希望呈現台灣多元族群、文化和生活樣貌，以及具有歷史研究價值之文物、文獻史料。館內常設展主題為「台灣的故事」之台灣史通史展，依年代展示台灣在地與生活在這塊土地上的人們於各階段所呈現的面貌，以雙劇場方式展出。



**國立台灣文學館**

◎開放時間：周二至周日10:00~17:00，（周一、除夕、年初一休館）

◎電話：(06)221-7201

**國立台灣歷史博物館**

◎圖書室開放時間：周一至周五9:00~17:00（例假日不開放）

◎電話：(06)356-8889

07 延平郡王祠為全國最古老的鄭成功祠。

08 赤崁樓為荷蘭人所興建，亦有「紅毛樓」之稱。

09 經由藝術家的巧手打造，海南路上的老建築更多了藝術味。

## 從老建築看府城歷史

屬於國定一級古蹟的赤崁樓，是荷蘭人所建的普羅民遮城遺址，早期漢人稱荷蘭人為「紅毛」，因此赤崁樓又稱為「紅毛樓」；光復後，將木造結構改為鋼筋混泥土，入口由西改為南。清乾隆曾寫了5篇詩文紀念「林爽文事件」，並以滿漢文刻於石碑上，此為「御龜碑」，是全國最壯觀的石碑群；海神廟與文昌閣則可見「歇山重簷頂」—簷角向外翹起的弧度與尾端的「鯉魚翻躍」相襯。

又名「二鯤身砲台」的億載金城，為羅列在台江西岸的沙洲島名，隨著港口淤積，安平古堡與億載金城逐漸連在一起。

億載金城為四方形的西洋式紅磚，四邊稜堡放置大砲，中央凹陷處可操練軍隊，城門題有「億載金城」，內題「萬流砥柱」，被列為國定一級古蹟。

延平郡王祠則是全國最早、最著名的鄭成功祠，祠內分為照壁、供奉鄭成功的正殿、崇祀太妃與寧靖王的後殿、東西廡，後殿中央供

奉著鄭氏母親田川氏牌位，庭中兩棵古梅傳說是鄭成功親手所植，已有300多年歷史。

## 藝文沙龍與節慶共舞

七夕十六歲國際藝術節主要的活動就是「做十六歲」。以前認為，16歲前是受到七娘媽庇祐；過了16歲後，則為成年人，得具有責任感及使命感。「七娘媽生 做十六歲」是府城七夕與其他地區不同之處，將傳統文化注入年輕新活力。

台南市與文化古蹟密不可分，赤崁樓、安平古堡、孔廟和大南門等歷史建築更固定於周六、日晚間安排樂團及藝文表演，讓人們親炙古蹟的同時，一享文化饗宴。

海安路也將成為台南市第一條「藝術上街」道路，由在地藝術家於海南路沿線進行藝術美化及公共空間改造，賦予老舊房屋嶄新的藝術生命。

**赤崁樓**
◎開放時間：8:30~21:30

**億載金城**
◎開放時間：8:30~17:30
◎電話：(06)2951504

**延平郡王祠**
◎開放時間：8:30~17:30
◎電話：(06)213-5518

**七夕十六歲國際藝術節**
◎舉辦時間：每年農曆七夕

10 周氏蝦捲為台南市知名小吃。

## 府城美食百年熱燒

府城小吃聞名中外，意麵、蝦捲、蚵捲值得一嚐，鹹酸甜的蜜餞可以自用或送人。

### 鱔魚意麵

台南意麵店家總是將意麵堆得高高的，以吸引過往食客目光。鱔魚意麵的美味在於將鱔魚炒至香酥脆口，燴麵湯汁濃郁中帶有酸甜味。

### 周氏蝦捲

周氏蝦捲為50多年老店，蝦捲以祖傳裹粉油炸，皮薄酥脆，涼了也不會變硬或軟。店裡還有虱目魚丸、白北浮水魚羹和擔仔麵等。

### 永泰興蜜餞

永泰興蜜餞行則是台南市最早的一家蜜餞商店，遵古法、以中藥釀製，房子是老建築，蜜餞醬缸還是古早的大水缸，假日人潮眾多。

### 陳家蚵捲

外地人喜吃周氏蝦捲，本地人則偏好陳氏蚵捲。遊客隨時可在店面旁見到一群歐巴桑不停的挖蚵仔，可見蚵仔之新鮮。店內的蚵仔煎及生蚵沙西米也值得推薦。

# 富庶之鄉

## 生活即藝術

## 台南縣

台南縣的鹽、糖產業曾攸關著台灣民生發展，洗盡鉛華後，留給後人一種不可抹滅的文化影響，甚至延伸至建築主體、運載的交通工具、特殊的使用器具等等，令人回味。

## 黃文博

頭港國小校長黃文博認為，後壁鄉菁寮社區內的後菁寮天主堂，設計靈感源自稻草堆，設計者為普立茲獎得主德國人波姆，值得一遊；推行6年多的麻荳古港文化園區，古麻荳港為倒風內海時期台灣西南海岸眾多港口之一，極具歷史意義。

私房推薦景點
後壁鄉的菁寮社區、麻荳古港文化園區。

台南縣曾經是台灣鹽、糖主要產區，遺留古蹟泰半與此有關，例如傳統糖廠演變成文化園區，並以五分仔車為觀光號召；鹽區為體驗鹽事的最佳景點，並設立了鹽博物館。自然景觀上，台灣最大的內海—七股潟湖，豐富的生態資源與海洋文化是了解討海人的最佳方式；此外，因為「無米樂」電影而紅的後壁米區，則是米文化與休閒產業最佳結合的表徵。

01 台灣鹽博物館內展示製鹽過程。
02 南瀛總爺藝文中心。

## 南瀛總爺藝文中心感受東洋味

由舊麻豆糖廠改頭換面而成的南瀛總爺藝文中心，兩旁的紅磚造食堂，正門是巴洛克式風格，紅白相間對比十分顯目，西、南面有寬闊廊道，兩側樟樹樹齡高達90多歲，交織出一條綠色隧道。地下室則設有舊式的迂迴防空地道，讓遊客緬懷並體會當年躲空襲的時光。

## 七股潟湖 台灣最大內海

七股潟湖是台江內海僅存的遺跡，也是台灣現存最大的內海，生態豐富，尤其是11月到訪的黑面琵鷺更是年度生態盛事。潟湖堤防邊正對著紅樹林的碼頭總站，設有觀景台和各種鳥類解說牌，可近距離觀賞鳥群竄入樹叢，或者黃昏時夜鷺離巢交班的景象。潟湖與台灣海峽間隔著離岸沙洲，漁民可在沙洲上曬網、補魚網，因此稱為「網仔寮」。

## 台灣鹽博物館盡訴鹽田心事

七股鹽場的鹽山上砌了階梯，方便遊客攻頂，或者體驗潔淨海水濃縮而成的鹽浴池漂浮滋味，享受比死海比重更大的「不沉之海」快感。全台唯一的台灣鹽博物館則展示著晒鹽、成鹽到收成及防止盜鹽等製鹽過程。

**南瀛總爺藝文中心**
◎開放時間：周一至周日9:00~17:00
◎電話：(06)571-8123

**台灣鹽博物館**
◎開放時間：平日9:00~17:00；周末及國定假日9:00~17:30
◎電話：(06)780-0990

03

03 台糖烏樹林車站內的火車。
04 八角樓。
05 菁寮天主堂以稻草堆為外觀設計發想。

## 台糖烏樹林車站 鐵道迷最愛

台糖烏樹林車站除了是鐵道迷的最愛，更是老一輩回味舊時光的好所在。烏樹林車站將廢置的蒸氣火車、勝利號汽油客車、111號巡道車重新整理，並把運載甘蔗的車廂改裝成田野列車，開放乘坐體驗。車站另停放各種火車頭和鐵路文物，猶如一座鐵道博物館。

台灣的鐵道除了台鐵各主、支線軌距1067mm的列車之外，還有一種行駛於鄉間田野的小火車，就是俗稱的「五分仔車」，這也是台糖專用的小火車。其特別之處在於，軌距為762mm，製糖時期用來載運甘蔗和砂糖，並兼營客運，成為當時重要的都市間交通運輸工具。

## 無米樂 有米也快樂

黃崑濱的一句「無米樂」，將稻農樂天知命情懷展露無遺，更意外激盪出描寫稻農積極面的「無米樂」紀錄片。70幾歲還在做莊稼的崑濱伯說：「稻農靠天吃飯，不管收成好壞，都會以『無米也快樂』互相打氣。」他每天都要接見好幾部遊覽車的遊客，跟王建民一樣紅，店裡的「芳榮禾家米」熱銷，也連帶使得後壁農會生產的「蘭麗香米」和「蘭麗米」跟著水漲船高。

04

## 八角樓 閣樓宅第經典之作

鹽水首富葉開鴻所建的八角樓，重簷屋頂分為八角，樓高兩層，由12支、長24尺的福州杉支撐，不用一根釘子，以榫接法完成門窗和樑楹，並有做工精細之木雕花窗；二樓有罕見的木製百葉窗，為台灣閣樓經典之作，也是大學建築系學生課程見習的建築之一。

## 中國式建築的西洋教堂

鹽水鎮的天主教堂為中國式建築，當年特別允許信徒燒香膜拜，形成自外於教會的獨特風貌。堂內的聖母像著中國服飾，據說是以慈禧太后的面貌捏塑而成，經年累月的焚香也把聖母燻成台灣唯一的「黑面聖母」。

**台糖烏樹林車站五分仔車體驗**

◎開放時間：假日9:00~16:30（每個小時一班車）；平日10:00與14:00（兩班車）

06 鹽水蜂炮現場的刺激場面。

07 南鯤鯓代天府每逢漁民出海皆會舉辦祭拜大典。

## 南鯤鯓代天府王爺總廟祭典

南鯤鯓代天府是全台最古老的王爺總廟，沿海漁民出海前都會前往祭拜，期望每次出海都能滿載而歸且身強體健。南鯤鯓代天府建築雄偉精緻，石刻、雕塑和格局頗為可觀。

## 蕭壠文化園區 用藝術妝點舊糖廠

蕭壠文化園區即為原來的佳里糖廠，1909年開始製糖，1995年關廠。文化園區成立之初便舉辦了「世界糖果文化節」，結合世界糖果文化館、糖果故事館、台灣糖果文化館、南方民俗館、世界巧克力館和兒童遊戲館等共同展出，頗受好評；之後更陸續舉辦冰節、工業展及蘭花展等相關產業活動，成為台南縣的重點藝文展場。

07

白河蓮花節

◎舉辦時間：每年6月底至8月底

## 台南鹽水 蜂炮與詩唱和

元宵節具代表性的「北天燈、南蜂炮」，南蜂炮指的就是「鹽水蜂炮」。除了體會蜂炮的刺激外，鹽水還有一條種滿木棉花道的台灣詩路，漫步花林間，同時追憶懷念舊時光，還有日治時期的藝旦老照片供人憶往，鹽水的白天和夜晚一樣精彩。

## 白河蓮花節 蓮花展嬌媚

白河蓮花節在每年6月底至8月底舉辦，期間規劃一系列賞蓮活動。位於台南縣六甲鄉的蓮花世界收集珍稀蓮花，少見的「黑色觀音蓮」，光線愈強，顏色愈黑；花瓣多的「千瓣蓮」，可同時花開5朵；「大王蓮」的蓮葉可伸展到直徑2.8公尺，可承載約80公斤重物。

08 玉井芒果為台灣知名的外銷蔬果。

## 嚐遍在地幸福美味

烏魚子大本營的台南縣，擅用烏魚入菜，水果也是紅到日本的知名水果。

### 烏魚子

「烏魚出，見著王城肥朒朒」（朒同律），指烏魚若到安平見王城就肥美，可見當時府城捕獲烏魚量多肥碩。將軍鄉的勝益加工廠可參觀製曬烏魚子；龍鄉海產城可吃到含烏魚子、烏魚鰾、烏魚腱、烏魚米粉及紅燒烏魚全餐。

### 水果特產 芒果、文旦

玉井芒果獲選為「2008年北京奧運指定水果」，為知名特產，盛產期為6月至7月。中秋節前後盛產的麻豆文旦，挑選上以樹齡老、文旦小者較甜，尤其9至12兩重的文旦，屁股大、皮薄、拿起來重，最好吃。

### 鹽水意麵

意麵早期為福州人的食物，因細如薄紙，煮熟後如「玉」般晶瑩剔透，被誤叫成「意」麵至今。製作過程中不加一滴水，以鴨蛋代替水分，令麵體分外清香。如今鹽水鎮農會也推出便於攜帶的意麵伴手禮。

# 水岸港都 山海遊

## 高雄市

就像醜小鴨變身成優雅的天鵝般，高雄市擺脫了過去工業城市及文化沙漠的污名，蛻變而成一座令人驚嘆的水岸城市。愛河、高雄港及蔚藍海洋造就出港都著名的三大美景，日夜散發出令人神往的萬種風情。

## 許玲齡

愛河發展協會理事長，愛河周邊興盛主因，在於因潮汐之故，愛河下游的水是鹹的。明鄭時，鹽埕區的鹽場引海水曬鹽，並從高雄港往外運鹽所致。

私房推薦景點
愛河、高雄歷史博物館、打狗英國領事館。

高雄市是一座多情而浪漫的城市，有著南台灣的熱情，又不失都會氣質。它的美，源自於山海的懷抱，來自愛河的流貫、觀光碼頭的璀璨，以及令人再三回味的精彩往昔。

01

01 船隻往來頻繁的高雄港，創造高雄的港都魅力。

02 城市光廊繽紛多彩的夜色，成為高雄市浪漫之地。

03 愛河之心的雙心如意湖與情人橋，入夜後更為璀璨動人。

02

03

## 愛河水岸好玩藝

全長12公里的愛河，以居中的愛河之心至下游的真愛碼頭出海口最具特色。賞玩愛河，可騎單車迎風馳騁，或搭乘愛之船來趟水上優游；入夜後，兩畔及路橋上五光十色的燈火尤其迷人；亦可順走至行人徒步區上的電影圖書館，玻璃圍幕的建築體為愛河妝點出美麗一隅，館內可欣賞影片，一樓展示廳也有相關特展。再多走幾步往商圈漫遊，與愛河媲美的城市光廊便在不遠處。

愛河沿岸的高雄市歷史博物館建於1939年，西式建築外觀搭配帝冠式的屋頂，加上淺綠色的國防色系外牆，顯現民初時建築特色。日治時期為高雄市役所，台灣光復後更名為「高雄市政府」，市政府搬遷整修後成為高雄市歷史博物館，記憶著高雄市的過往點滴。

沿著愛河上溯至中游，在中都拱橋旁可見兩根高聳的紅磚式煙囪，此為中都唐榮磚窯廠所在地。明治32年，因為台南至打狗（高雄）段鐵路興建的建材所須，日本商人鮫島在此設立磚窯廠，並於明治36年引進當時最新的連續窯爐─霍夫曼窯（Hoffmann Kiln），俗稱「八卦窯」。

走過100多年歲月的老磚窯廠如今雖已不再生產，但廠內環形的八卦窯、八角老煙囪及隧道窯等景物，令人回想當年。

04

**高雄市歷史博物館**
◎開放時間：周二至周五9:00~17:00、周六及周日9:00~21:00（周一休館）
◎電話：(07)531-2560

**高雄市電影圖書館**
◎開放時間：周二至周日13:30~21:30（周一及特定假日休館）
◎電話：(07)551-1211

04 高雄市立美術館主要展出現代藝術展品。

05 駁二藝術特區。

06 與高雄市區只有一港之遙的旗津。

07 白得耀眼的旗後燈塔。

## 藝術特區玩味藝術、品味悠閒

想體驗高雄市的現代藝術，非得到駁二藝術特區及高雄市立美術館一探究竟。

位在內惟埤文化園區埤塘濕地中的高雄市立美術館，館內引進國內外重要的現代藝術風潮及藝術家作品，並引領潮流，打造出兒童美術館，讓兒童從探索及遊戲中獲得藝術涵養。館外環繞的人工湖、雕塑園區及生態公園，是都市中難得一見的公園休閒綠地。

鄰近高雄2號碼頭的駁二藝術特區，由港口倉庫轉型的藝文空間，以創新及前衛展演呈現南台灣的藝術浪潮。因為藝術家的進駐，讓市民平日即可欣賞到獨特的現代藝術展出，假日時也能在藝術家的帶領下，玩味具個人風格的創意作品。

駁二藝術特區緊鄰西臨港線單車道及漁人碼頭，可到此免費租借鐵馬以一遊高雄港，夜晚再到漁人碼頭畔的露天餐廳享用晚餐。

06

07

## 西子灣夕照之美

玩沙、戲水、踩浪花、觀夕陽是到訪西子灣最棒的體驗，因此中山大學沿海圍牆的「蘿蔔坑」，成為情侶最佳的約會景點。

到訪西子灣，不妨多走幾步階梯，登上建於1879年的台灣第一號洋樓—打狗英國領事館。居高臨下的地理位置，往東可看到高雄港及市區日夜景致，往南正對著旗後山及旗後燈塔，往西則可欣賞西子灣日落，館內還留存著歷史文物等供人參觀。

## 搭渡輪遊旗津

不搭渡輪就不像到過高雄。從鼓山輪渡站出發，不到10分鐘就可抵達與高雄市區僅一港之隔的旗津。

旗津除了有美麗的海岸公園，天后宮旁的通山路可走往旗後山，山頭上的旗後砲台與燈塔可欣賞高雄港及對岸西子灣、柴山景觀。

建於1875年的旗後砲台分成兩處，旗後山上為「威震天南」砲台，鄰近西子灣港口北岸邊則為「雄鎮北門」砲台。白色耀眼的旗後燈塔為巴洛克式建築，搭配八角形磚塔及圓頂造型，1918年完工，夜夜守護著高雄港。

**高雄市立美術館**
◎開放時間：周二至周日9:00~17:00（周一、除夕、年初一休館）
◎電話：(07)555-0331

**駁二藝術特區**
◎開放時間：周二至周五10:00~18:00、周六及日10:00~20:00（周一及國定假日休館）
◎電話：(07)521-4899、521-4869

**打狗英國領事館**
◎開放時間：09:00~24:00
◎電話：(07)525-0271、525-0273

08 左營萬年季煙火與水舞秀照亮天空。

09 蓮池潭的美麗夜色。

10 新崛江商場中有許多個性小店。

09

10

## 文化節慶點燃藝術絢麗

每年元宵節前後是高雄夜色最絢麗之時，高雄燈會藝術節從愛河畔延伸至真愛碼頭、光榮碼頭，除了藝術及音樂活動外，主燈秀加上水舞及煙火施放，五彩繽紛照耀水面，打造港都浪漫風情。

年尾的壓軸好戲為左營萬年季。左營蓮池潭是全台廟宇最密集之區，其中燒火獅祈福的民俗於2001年左營萬年季時重現。開幕當晚舉行火獅點睛儀式，有連續9天的迎火獅遶境踩街，每晚更在蓮池潭舉行水舞煙火秀、攻砲城及傳棋藝等活動。最高潮是最後一天的「蓮潭燒火獅」，隨著火獅化成的裊裊香煙，象徵帶著眾人的祈福直達天聽。

**高雄燈會藝術節**
◎舉辦時間：每年元宵節期間

**左營萬年季**
◎舉辦時間：每年10月期間

## 新堀江、鹽埕商圈 潮流最前線

鄰近捷運中央公園站的新堀江商圈，是高雄市引領潮流的時尚商圈，不僅是創意小店及舶來品匯集中心，販售商品眾多，餐廳、小吃、戲院及特色商店應有盡有。不論是台客、哈日或哈韓族，往新堀江商場逛，準沒錯。

相較於新堀江的年輕潮流，鹽埕商圈因鄰近高雄港，過去曾為最繁華的商圈，不少老店一開就是數十年，書包大王就是一例。經營40多年、傳承兩代的書包大王，早期以製作學生書包及軍用品為主，厚實、耐用又簡單的設計，成為在地人求學的難忘回憶。

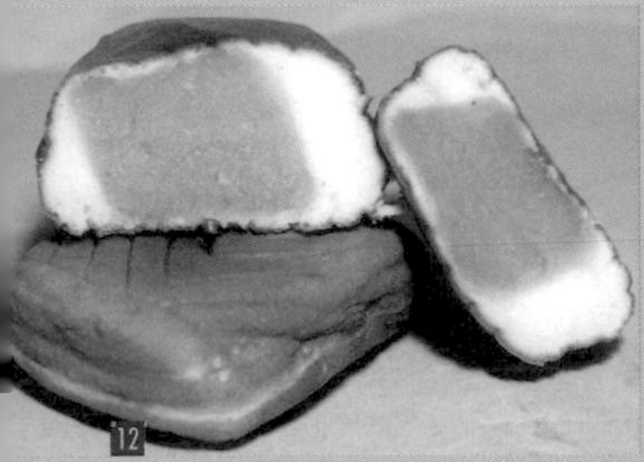

11 郭元益餅舖為高雄市知名的糕餅老店。

12 瑪莉食品行的旗鼓餅。

## 記憶中的美食良品

在地小吃以鹽埕和左營區最具代表性，而糕餅老店的美味餅香更是在地人記憶中最懷念的滋味。

### 鹽埕小吃的懷念滋味

鹽埕區有不少高雄老字號小吃店，鄭家切仔麵配上黑白切、北港蔡三代筒仔米糕及熬煮8小時以上的四神湯、老蔡虱目魚粥及飽吸湯汁鮮香的油條，或以火爐烤香的碳烤三明治等，令人回味無窮。

### 左營市場小吃飄香

左營第二公有市場（埤仔頭市場）中的鳳鳴亭糯米腸、粉腸口感香Q，簡家肉粽的肉粽、菜粽香滑不油膩，從市場搬至城峰路的小寶米粉羹，都是在地人推崇的當地美味。

### 餅香糕濃 最佳良伴

舊振南鳳梨酥、瑪莉食品行旗鼓餅、呷百二桂圓蛋糕都曾獲選為高雄十大伴手禮。舊振南百年餅店源於台南府城，卻在高雄市發揚光大，喜餅為三代新人串起幸福；以紅豆餅發想改良的旗鼓餅，地瓜及香芋內餡實在；吃得到軟甜桂圓肉的呷百二桂圓蛋糕，不甜不膩，鬆軟口感令人愛不釋手。

# 探尋藝文
## 品味人文

### 高雄縣

位處南台灣的高雄縣，是一座純樸又充滿鄉村色彩的城鎮，縣內如鳳山、美濃、旗山、橋頭等地各具獨特的風土民情，不論是老縣城抑或客家庄，都有著耐人尋味的人文與歷史可供回味。

## 張新國

張新國為永興樂皮影戲團第四代，劇團曾於2008年獲邀參加第21屆墨西哥國際偶戲節演出。他認為，鳳山留有清朝時期的鳳山縣城遺跡、內門的宋江陣和總鋪師等聞名全國。另外，美濃客家庄的人文風光，亦都值得細細玩味。

私房推薦景點

皮影戲館、鳳山龍山寺及縣城遺跡，以及美濃客家庄的自然及人文風情。

鳳山是高雄縣最熱鬧的市鎮，也是清朝時期鳳山縣城的所在地，除了有古蹟遺址可遊覽，因為捷運橘線通車，讓其往來高雄市區更加便利。走在鳳山街頭，熱鬧的街市與舊縣城遺蹟交陳出古今相融的況味，遺址結合公園綠地，平添一份思古幽情。

01 橫跨於高屏溪兩岸的下淡水溪舊鐵橋。

02 鳳山龍山寺與鹿港龍山寺、艋舺龍山寺齊名。

## 龍山寺精雕細琢古建築

龍山寺是鳳山地區香火鼎盛的廟宇古蹟，相傳約清康熙或乾隆年間創建，現列為國定二級古蹟，鄰近縣城東門的鳳山溪旁（舊名東門溪），因水利之便，過去可行舟經前鎮媽祖港出海或進口貨物，因此香火旺盛。龍山寺內的石材雕刻、門牆彩繪到泥塑、山牆等都值得細細鑑賞，與國定一級古蹟的鹿港龍山寺、國定二級古蹟的台北市艋舺龍山寺齊名。

## 鳳山縣城殘蹟道古今

清乾隆53年平定林爽文反清事件後，因左營縣城已被嚴重破壞，故遷城鳳山，同時設立了6座城門，清道光18年於城門旁各設1座砲台，這些古蹟遺址至今尚有東便門，以及訓風、平成、澄瀾砲台等保存較為完善。

砲台城牆以咕咾石砌建而成，澄瀾砲台牆上架設長槍用的銃孔，而橫跨鳳山溪的東福橋與東便門相接，2001年因潭美颱風造成東福橋被沖毀，雖已重建仿古新橋，不過舊橋墩仍留存在公園內，成了一處可遊賞的公園古蹟。

## 下淡水溪舊鐵橋

高屏溪舊稱「下淡水溪」，過去為了運送高雄港進出口貨物及屏東糖廠生產的砂糖，因而興建連接高雄九曲堂及屏東的鐵道。1913年時，橫跨於高屏溪兩岸的下淡水溪舊鐵橋完工，當時曾是亞洲第一鐵橋。但隨著鐵橋年邁及新橋的使用，如今已功成身退，橋身及橋墩也因不耐歲月摧殘而斷裂，但其圓拱的鐵橋造型及磚瓦堆砌的橋墩，卻成了高屏溪兩側頗具風情的景致，被列為國定二級古蹟。

02

鳳山龍山寺

◎開放時間：4:00~21:00

◎電話：(07)741-2048

03 美濃客家文物館展示農家生活用品。

04 美濃客家文物館。

05 有百年歷史的橋頭糖廠。

06 糖廠園區的舊火車頭充滿古味。

## 美濃客家田野好風光

美濃是高雄縣兼具美麗山水及客家鄉土人文的鄉鎮，以充滿湖光山色的中正湖為中心，可見夥房、敬字亭等客家建築和古蹟，夥房是傳統的合院式客家民居，前有半月池，後有如房子靠背的花台。過去美濃以生產菸葉為主，隨著菸葉沒落，菸樓也多已拆除或空間再利用為菸樓陶藝、菸樓錄音室等。

騎單車是遊美濃的最佳方式，美濃境內7條單車道，分別有古蹟、文學、水圳等主題可遊賞，每年1月至農曆年間也是美濃花田綻開的時節，清晨及傍晚時分沿水圳馳騁，甚至還可見婦女在水圳邊洗衣的景致，亦可遊逛至鍾理和紀念館，感受當地客家文學創作者的文學創作路程。

## 客家文物館話美濃風情

融合傳統客家三合院及菸樓建築設計的美濃客家文物館，館內收藏具客家文化代表性的藍衫、客家夥房、敬字亭、客家八音等，並展示農家生活用品、器具等，並以3D動畫呈現當地著名的黃蝶翠谷、竹子門發電廠等景點，是瞭解美濃地理環境及人文歷史的好所在，每逢周六及周日可在此學習油紙傘製作。

05

06

## 走訪橋頭糖廠百年時光

有百年歷史的橋頭糖廠，興建於日治時期，仿荷蘭式與日式況味的社宅事務所及俱樂部，架高的地基與迴廊、連續拱門，充滿歐式風格。

橋頭糖廠是台灣第一座現代化機械式製糖工廠，現已轉型為台灣糖業博物館，不僅開放製糖廠供遊客參觀，亦可搭乘及體驗1907年興建、用來運送甘蔗的五分仔車遊園及前往高雄花卉農園中心。

廠區設有橋仔頭糖廠藝術村，過去曾有藝術工作者進駐、展現創意，把藝術作品與糖廠景物融為一體，為園區帶來裝置藝術新活力。

## 農商混合的旗山小鎮

以盛產香蕉聞名的旗山，因為香蕉及旗山糖廠使得旗山成為一座農商混合的繁榮小鎮。旗山老街至今仍留存過去富商興建的仿巴洛克式建築物，以及利用31塊大小砂岩石塊堆砌而成的石拱圈亭仔腳，圓弧形的騎樓散發出優美的建築藝術。老街上的日式武德殿、天主教堂及天后宮都是值得玩賞的著名景點；天后宮周邊的吳記肉丸、豬舌冬粉等令人垂涎欲滴。

遊旗山時，一定要記得吃冰，不管是1926年開業至今的枝仔冰城或是旗山糖廠的枝仔冰，都充滿著滿滿的古早滋味。

美濃客家文物館
◎開放時間：平日10:00~16:00、假日09:00~17:00（周一、國定假日休館）
◎電話：(07)681-8338、681-8339

台灣糖業博物館
◎電話：(07)611-3691

旗山糖廠
◎電話：(07)661-6100（旗山鎮公所）

07 皮影戲為過去在農業社會慶典活動中頗受人歡迎的表演。

08 美濃油紙傘。

09 宋江陣展現村民的團結。

## 皮影戲說學逗唱樣樣妙

明鄭時期許多人從大陸跟著鄭成功父子到台灣開墾，也為高雄縣帶來了潮州的皮影戲藝人。皮影戲以潮州唱調搭配民間及歷史故事的演出，成為過去在農業社會慶典活動中頗受人歡迎的表演之一，尤其以台灣光復至民國50年代中期最為興盛。當時的皮影戲不僅能跟歌仔戲、布袋戲和電影在戲院中分庭抗禮，並與布袋戲、傀儡戲並稱為三大偶戲。

隨著電影的發達及電視的普及，皮影戲逐漸式微，目前台灣僅剩高雄縣境內5個皮影戲團，這些戲團在每月第二周的周日上午10點至11點會輪流受邀至皮影戲館內演出，遊客可至此一睹師父們說唱的功力。

在皮影戲館內，同時也能從牛車搭建的戲棚、各式皮偶、劇本及使用的樂器等，更深入認識這項台灣傳統的戲曲文化。

## 廣進勝油紙傘手工製作

在林家宗祠「濟南堂」後方的廣進勝，在美濃油紙傘普遍多從中國大陸進口半成品的現在，為僅存的手工油紙傘店。

第二代的林榮君和吳劍瑛夫婦，師承其父親林享麟多年的手工技術，從最初的36支傘骨、黏紙到最後完工上桐油，全是手工製作，紙傘上不僅有先生林榮君寫的一手好書法，妻子吳劍瑛以剪紙藝術黏貼而成的細膩圖紋，同樣令人稱讚。

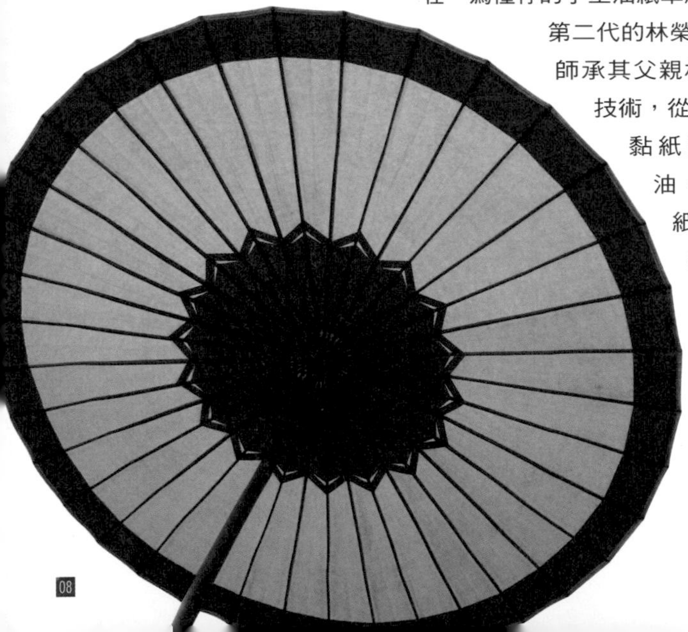

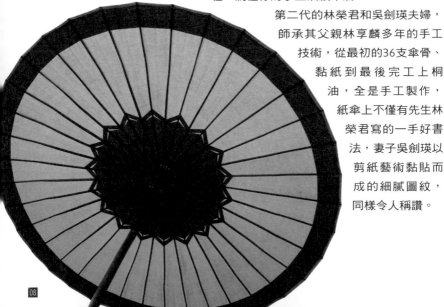

09

## 內門宋江陣現代武林大會

高雄內門早期生活艱困，為捍衛家園而發展出民俗藝陣，武陣為宋江陣、獅陣及八家將等；文陣如太平清歌、踩腳蹺、大鼓陣和桃花過渡，許多內門出身子弟多是從小練陣長大，藝陣密度居全國之冠，有「藝陣之鄉」美譽。

宋江陣取自《水滸傳》精神領袖宋江之名，主要展現村民的團結力，現已成為廟會慶典時迎神、酬神的重要祭典活動。內門於每年農曆2月19日為了慶祝觀音佛祖誕辰，都會舉辦觀音佛祖遶境、大專院校創意宋江陣大賽及宋江陣嘉年華會等活動。

## 岡山籮筐會熱鬧趕集大會

岡山位於高雄縣山邊與海邊鄉鎮的中心點，早期是兩邊居民生活用品的主要集散地。

具200多年歷史的籮筐會最早起源於清朝，每逢農曆3月23日媽祖生日、8月14日中秋節前夕及9月15日義民節時，當地鄉民將竹椅、竹器及農具、青草和鐵器等生活用品運到岡山做交易，直至今日仍保有此傳統。

**內門宋江陣**
◎舉辦時間：每年農曆2月觀音佛祖誕辰前後

**岡山籮筐會**
◎舉辦時間：農曆3月23日、8月14日及9月15日

**皮影戲館**
◎電話：(07)626-2620
◎網址：www.kccc.gov.tw

**廣進勝油紙傘**
◎電話：(07)681-3247

10 大岡山一帶因種植龍眼樹，不少蜂農養殖蜜蜂以採集龍眼花蜜。

## 品嚐高雄縣好滋味

高雄縣因為地理環境及人文條件，發展出不少讓人回味不已的美食及農產品，像是到訪美濃必嚐的香Q粄條、鳳山70年老字號的吳記綠豆椪及大岡山的龍眼花蜜，散發獨特風味。

### 大岡山龍眼花蜜

大岡山一帶因種植龍眼樹，當地不少蜂農養殖蜜蜂採集龍眼花蜜，因蜜源單純，加上龍眼花蜜的蜜色為較深的琥珀色、品質佳，而荔枝花蜜或百花蜜顏色淡，較不如龍眼花蜜品質香醇，故大岡山生產的龍眼花蜜很受歡迎。

### 吳記餅店

有70年歷史的吳記餅店，是高雄縣歷史最久囍餅店，以傳統古法製作的中式餅，如綠豆椪、蛋黃酥或鴛鴦餅等不僅受老一輩人歡迎，因不甜膩的口感加上扎實的用料，也很受年輕人喜愛，不管是囍餅或是伴手禮都是不錯的選擇。

### 美光粄條

美濃地區以務農為主，早期農家因每天早上10點及下午3點須做點心送至田裡給工人補充體力，因客家人好吃米食，故農家婦女便發想以在來米製作各式點心，而混合地瓜粉製作的粄條便是由此而來。美濃地區以傳承三代的美光粄條開業最久，民國37年時最早以賣米苔目、冬瓜茶為主，後因自家製作的粄條吃來Q彈有勁而聲名大噪，炒粄條、冬瓜封等客家菜都很受人歡迎。

# 南島豔陽下 文化在跳舞

## 屏東縣

台灣最南端的屏東縣，是一處充滿陽光及度假氣息的城鎮。山海環繞的景致中，蘊藏豐富人文生態。往大武山及中央山脈南段，有濃厚的原住民風情；往平原的內埔、佳冬、萬巒一帶，則是客家庄聚集處；往海角墾丁而行，湛藍的海洋釋放著南島的熱情與活力。

## 郭漢辰

作家、阿緱文學會理事長，他推薦的屏東代表性遊點，如六堆客家文化園區；想認識原住民文化，可到台灣原住民文化園區，深入了解台灣原住民族文化之美。

私房推薦景點
台灣原住民文化園區、六堆客家文化園區。

屏東，散發出一股讓人放鬆心情的魔力。位居國境之南的屏東縣，狹長的地形延伸至恆春半島的海角，山林、平原與海洋讓屏東呈現豐富的山海自然面貌，而其中多元民族的熱情特性，更於此交融演繹出百變人文新風情。

01

01 後壁湖清澈美麗的湖景成為浮潛者的天堂。

02 原住民文化園區內可見台灣原住民族的傳統技藝。

03 原住民文化園區中可見到原民的傳統歌舞演出。

## 原住民族文化寶地

屏東山系的三地門、霧台、瑪家、泰武、來義、春日等地，以魯凱族與排灣族聚落為主，想了解原住民族文化，可先遊覽台灣原住民文化園區，在山林和溪谷的自然景觀中，匯集台灣13族的傳統文化，從房舍建築、集會所、手工藝至傳統歌舞演出等，並提供射箭、刺毬球等傳統民俗體驗，不用等到祭典即可欣賞到原住民族的歌舞表演。

霧台也是個體會原住民族風情的好地方，沿著山路蜿蜒而行，彷彿登上雲端後，最熱鬧的霧台村即在眼前。以魯凱族人居多的霧台，延續傳統的石板屋建築，走一趟岩板巷，石板屋一間比一間精緻，牆上綴有百步蛇及魯凱族傳統圖騰，精細的藝術造詣讓人目不暇給。

霧台出名的還有冬末春初綻放的櫻花，從霧台村往阿禮部落沿途都可見到櫻花開滿枝椏。阿禮的石板屋不若霧台村豔麗，山區午後常會飄起雲霧，為石板屋增添幽靜氛圍。走到頭目家前，還可見到關於巴冷公主與蛇族青年結婚而嫁至小鬼湖的傳說事蹟和圖像雕刻。

02

台灣原住民文化園區

◎開放時間：周二至周日8:30~17:00（周一休館）

◎電話：(08)799-1219

04 荷花生態池。

05 六堆客家文化園區入口處。

06 「海角七號」片中男主角阿嘉的家。

07 在墾丁可從事許多水上活動。

## 六堆嘉年華 玩味客家情

坐落在高屏一帶的客家庄通稱為「六堆」。「六堆」之名由來，因為過去族群、語言及風俗習慣的不同，客家村民為了避免受外人欺負，團結成立義兵團以保護鄉民，當時共分六隊，取諧音又名「六堆」—高樹、美濃、甲仙、六龜和杉林的右堆；長治、麟洛的前堆；竹田為中堆；內埔為後堆；萬巒為前鋒堆；新埤、佳冬為左堆。

雖然六堆義兵團已不須抗敵，但每年10月舉辦的六堆嘉年華會暨運動會，匯聚高屏客家鄉親，舉辦創意踩街遊行、重返六堆光榮之役等活動，客家鄉鎮也會推出六龜客家歌謠比賽、萬巒客家獅創意製作、內埔客家醬菜及童玩等，讓人深入瞭解客家文化。2007年，客委會為推廣六堆客家文化，於屏東內埔成立六堆客家文化園區，有常設的客家文物展，並忠實呈現傳統客家戲劇、舞蹈、音樂及米食。

06

07

## 愛在墾丁豔陽下

由陽光、海洋、白沙灘和椰子樹交織而成的南台灣度假天堂的墾丁，四季都很精彩。

春天音樂季吶喊宣告夏天即將來臨；夏天在南灣、後灣、白沙灘等擠滿戲水人潮，浮潛者優游於後壁湖與萬里桐的清澈海洋中，而黃昏的關山，則因日落海平面的霞光之美，讓人倍覺浪漫；10月的賞鷹季，以及12月入冬後大量的雁鴨飛至龍鑾潭過冬的生態美景，為墾丁增添熱情活力。

## 找尋心中的海角七號

電影「海角七號」在恆春及滿州鄉掀起海角熱潮，也讓恆春這座原本沉寂的古城變得異常熱情。

東西南北四座紅磚瓦所堆砌而成的古城門及城牆依然保存完善，老街前的西門也因為海角熱而成為遊客留影之處；男主角「阿嘉的家」更是超夯的觀光景點，隨時擠滿觀光及拍照人潮，其他如萬里桐淺灘、滿州友子阿嬤的家和茂伯的家等戲中場景，也成為影迷聚集的觀光勝地。

**六堆客家文化園區**
◎開放時間：戶外8:00~20:00、室內展館9:00~17:00（周一休園）
◎電話：(08)723-0100

**墾丁國家公園管理處**
◎電話：(08)886-1321

08 恆春搶孤白天的藝術踩街現場熱鬧非凡。

09 中元普渡後的搶孤活動。

10 孔雀之珠琉璃珠代表「守護堅貞不移的愛情」。

11 百步蛇為魯凱族與排灣族的守護神，處處可見百步蛇圖騰。

## 恆春搶孤慶中元

恆春搶孤、豎孤棚是每年中元節一大盛事。相傳清朝沈葆禎帶人至恆春開墾，不少人歿逝後因無人祭拜，中元節時，居民便會舉辦普渡儀式，並將祭品分送給城外貧窮人家，卻因為搶食過程常引起紛爭，故決議將祭品集中，於中元普渡後舉辦搶孤。豎起棚架、抹上牛油。最早只架設4根原木，由城外4個里分4隊比賽，為增加可看性，改成36根原木。

## 東港迎王燒王船

東港東隆宮主祀溫府千歲，信徒為了送瘟出境及祈福，每3年的農曆9月便打造一艘仿古戰船的王船，舉辦連續7天的醮期，有海邊迎王駕、過神火、王駕遶境出巡、王船陸上行舟繞境法會等，直至第7天凌晨舉行送王儀式，也就是燒王船儀式，希望王船於熊熊烈火中帶走瘟神，保佑居民平安。

## 三地門原民榮美手工藝

屏東三地門以排灣族為主要聚落，排灣族三寶有：陶壺、琉璃珠和青銅刀。

排灣族人視百步蛇為守護神，相傳其祖先最早是由甕中蹦出，因此陶壺（甕）便成為排灣族重要象徵。走訪三地門原鄉，隨處可見陶壺街飾，而壺外必有百步蛇圖騰，即是以百步蛇守護著祖靈。

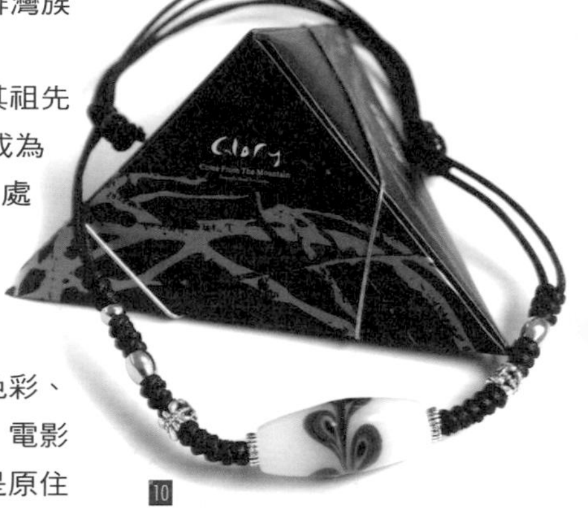

10

琉璃珠代表尊貴、榮美，象徵權利和地位，以琉璃與陶土混製而成，每顆色彩、圖紋都有不同意義，再加上「海角七號」電影帶動，琉璃珠因此聲名大噪。青銅刀則是原住民勇士不離身的物品，過去原住民以狩獵為生，族裡的男孩子一旦成年，長者便會送上一把刀予以祝福，藉以在狩獵時對抗獵物。

## 明華園潮州扎根發源

知名的歌仔戲團「明華園」最早於1929年由陳明吉於屏東潮州創立，家族成員幾乎都是戲團演員，目前分天、地、玄、黃、日、月、星、辰等八子團，由陳明吉三子陳勝福擔任總團長，妻子孫翠鳳為當家小生。走過近80年歲月，近年已從傳統野台歌仔戲蛻變成精緻化的藝術歌仔戲團。

**恆春搶孤**

◎舉辦時間：每年中元節

**東港王船祭**

◎舉辦時間：每3年的農曆9月

12 東港黑鮪魚肉質可媲美頂級牛肉口感。

## 屏東必嚐鮮滋味

屏東農漁產豐富，東港黑鮪魚最令人回味，萬巒豬腳、恆春半島的洋蔥也是非吃不可的在地美味。

### 東港大啖黑鮪魚

講到東港，讓人垂涎欲滴的黑鮪魚絕對是最佳代名詞。又稱「黑甕串」的黑鮪魚，油脂豐富，有頂級牛肉口感，每年5至6月為旺季。東港黑鮪魚文化觀光季隨著「第一鮪」的捕獲而正式開鑼！著名的海鮮街推出創意黑鮪魚餐，遊客也能欣賞創意踩街，暢遊東港觀光景點。

### 萬巒豬腳下港最出名

屏東萬巒因為豬腳店林立而有「豬腳街」稱號，豬腳香Q美味，滷製的豬蹄入味卻不油膩，帶蹄筋的Q勁，皮的香氣及肉的嫩度愈嚼愈過癮，再配上特調的蒜香蘸醬，因此萬巒豬腳名號打響全國。

### 恆春半島洋蔥餅飄香

恆春半島因為雨少、落山風有助於洋蔥結球，為台灣洋蔥主要產地。除了做菜外，恆春店家開始改良並製作其他創意商品，像是洋蔥餅、洋蔥手工蛋捲等。

# 傳藝之鄉 蘭陽情緣

## 宜蘭縣

豐碩的蘭陽平原，讓傳統藝術在此落地生根，從搶孤、傳統戲曲、童玩節、蘭雨節，再到文化觀光及社區轉型營造上都有卓越的表現。擁有豐沛資源及創意的宜蘭縣，源源不絕地開創出讓人難以忘懷的蘭陽情緣。

**陳育貞**

台大城鄉基金會執行長、宜蘭工作室負責人。循著宜蘭河可體驗宜蘭城，蘭城新月環城步道參訪文化館；冬山河流域有傳藝中心、親水公園、利澤舊街與冬山舊街。

私房推薦景點
冬山鄉中山社區（休閒農業社區＋新、舊寮瀑布登山步道＋仁山苗圃）。

有著好山好水的宜蘭，得天獨厚擁有豐沛的自然資源，同時也蘊藏許多豐富的人文資產，從傳統的歌仔戲到現代舞蹈，蘭陽平原所孕育出的藝術創意產業十分多元，而各種充滿蘭陽特色的美食，絕對讓品嚐過的旅客回味無窮。

01 陳氏鑑湖堂內有登瀛書院。

02 宜蘭市進士里的陳氏鑑湖堂為縣內規模最大之家廟。

03 羅東林業文化園區內保存的運材蒸氣火車。

02

03

## 開蘭第一城、開蘭第一宮

200年前，開蘭第一人吳沙率彰、泉、粵三籍漢人及鄉勇自烏石港入墾蘭陽的第一個移墾據點就是頭城，主街的和平街北通烏石港，南出打馬煙，兩頭各有一座福德祠。

當年為蘭陽對外貿易要道的烏石港，卻因為船隻觸礁造成的阻塞及淤積等問題，再加上鐵路、公路的開闢，老街逐漸沒落。如今街上有著翻新的房舍、幾幢維持大正時期的紅磚老街屋，而代表當年船運榮景的清代船頭行遺址十三行，卻只剩一長排的平房。

位於頭城的慶元宮建造於嘉慶元年，可說是「開蘭第一宮」，供奉的媽祖被尊稱為「開蘭第一媽」，當年從唐山運來的砂岩壓艙石是石雕素材，經過多年風化，充滿歷史痕跡。

## 進士望族陳氏鑑湖堂

宜蘭市進士里的陳氏鑑湖堂是縣內規模最大的家廟，其內原設有登瀛書院，是陳氏宗族讀書之所，如今所見的二進四廂古厝是1982年重建，格局完整，有祠堂、四合院、池塘、書院等，透過當中的陳氏文物及園林景觀，可一窺當年望族家族氣派。

## 羅東林業文化園區創新局

羅東的發展從宜蘭太平山開始。日治時期，伐木業早期利用蘭陽溪將砍伐後的木材放流而下，民國13年引進第一台蒸氣集材機後，以流籠將木材送至土場，再轉由羅東森林鐵路運至羅東，奠定其木材集散中心地位。

羅東林業文化園區的前身是當年的羅東出張所及貯木池，目前貯木池規劃為自然生態池，另展示有運材蒸氣火車頭、森林鐵路等，為當年的伐木繁華歲月留下最佳見證。

**陳氏鑑湖堂**
◎開放時間：全天
◎電話：(03)932-1219

**羅東林業文化園區**
◎開放時間：全天
◎電話：(03)954-5114

04 台灣戲劇館積極推廣民間戲劇。

05 擁有紅磚街屋傳統造型的國立傳統藝術中心。

06 白米社區內的木屐館，展示傳統木屐產業文化。

## 傳藝中心保存藝術資產

矗立在冬山河畔的國立傳統藝術中心，保存台灣傳統的表演藝術及造型藝術，最具人氣的是紅磚街屋造型的民藝大街。紅磚築成的拱門迴廊下，是一間間的店面，販售著霹靂布袋戲、傳統歌仔戲等相關商品，另有麥芽糖、手工薑母糖等復古零食，以及陀螺、木屐、紙傘等傳統工藝品；紙雕、皮雕、剪紙等手工藝品。假日還有劇團、樂團、舞團的動態表演。

## 收藏民間戲劇的台灣戲劇館

位於復興路宜蘭縣立文化中心內的台灣戲劇館，是全台第一座公立地方戲劇博物館，對於民間戲劇、地方音樂的演變及推廣等盡一分心力。除了有戲曲相關文物區、傳統戲台及本地和現代歌仔戲劇場模型外，還可到視聽室、曲調介紹區聆聽及觀賞傳統戲曲。以民謠小調為基礎的歌仔戲，音樂、身段、服飾及道具都是學問，遊客可到3樓借穿戲服過戲癮。

06

## 傳統社區再轉型

舊名「白米甕」的白米社區，原本是充滿石灰石、石粉加工廠及水泥工廠的礦石工業社區，隨著資源衰竭，社區亟需轉型再造。早期白米社區曾利用白米甕森林裡為數眾多的江某樹，在2、30年前造就了木屐產業，如今則重新找回此項傳統，並將木屐發展成具地方特色的紀念品及工藝品。

位於冬山鄉的珍珠社區為一大片農地，再造時，以農田裡的廢棄物稻草為材料，創作稻草畫、稻草面具、稻草娃娃等充滿農村創意的藝術品，稻草搖身成為產業轉型的主角。每逢稻草藝術節期間，如稻草舞龍等稻草扎成的大型藝術品充分展現農村特色。

對於二結社區來說，造紙是重要的傳統產業，二結紙廠與二結王公廟、二結圳一樣，都是當地人重要的記憶。面臨轉型之際，社區利用手抄紙與紙藝創作新觀念，帶動創意產業發展，於是出現了玩紙工坊，可到此體驗自己動手造紙、瞭解造紙藝術及木刻工藝樂趣。

### 編寫編玩

**國立傳統藝術中心**
◎開放時間：9:00~18:00　電話：(03)950-7711

**台灣戲劇館**
◎開放時間：周二至五9:00~12:00、13:00~17:00；周六至日9:00~17:00　電話：(03)932-2014

**白米社區木屐館**
◎開放時間：9:00~17:30（周一休館）　◎電話：(03)995-2653

**珍珠社區稻草工藝館**
◎開放時間：8:00~18:00　電話：(03)959-1957

**二結社區玩紙工坊**
◎電話：(03)965-7670

07 宜蘭縣期望打造出「紅麴的故鄉」。

08 甲子蘭酒文物館內展示當地伴手禮及手工藝品。

09 冬山河親水公園內的悠閒氛圍。

## 百年酒廠假日市集

宜蘭酒廠歷史可上溯至民國前2年，由當地仕紳林青雲設立，專產紅露酒，日治時期歸總督府專賣，光復後歸公賣局接收，產品以紅露酒、銀標米酒為主。酒廠內設有甲子蘭酒文物館，兩層樓的日治時期建築，陳列著百年來的歷史文物，並有展售各種特色伴手禮、手工藝品等的假日市集。

## 在夜市吃美食

羅東夜市是宜蘭最熱鬧的夜市，由興東路、民生路、公園路、民權路圍成，有眾多平價服飾店、特色小吃，如龍鳳腿、台灣鹹滷味、包心粉圓、羊肉湯等，一到假日便人山人海，著名攤位前總是大排長龍。

宜蘭市的東門夜市，分為東港橋下的聖後街雙邊道路與橋下道路兩區塊，聖後街主要販售美食、冷飲，另外則以服飾及其他商品為主，規模雖小，但當地小吃一應俱全，像一串心、蔥油餅及東山鴨頭等。

09

## 熱鬧歡慶宜蘭年

2009年，台灣燈會將於宜蘭舉辦，將為已舉行12個年頭的「宜蘭年」活動帶來最高潮。為了讓縣民感受年節氣氛，喚起傳統年俗記憶，宜蘭縣政府自民國83年起，開始舉辦「宜蘭年」，每年都透過如年樹、點爐、炸年獸等活動，讓參與者過個熱鬧的年，並深入了解及珍惜台灣過年傳統習俗與價值。

## 綠色博覽會一起愛地球

從2001年起於宜蘭舉辦的綠色博覽會，在蘇澳武荖坑風景區搭起大型展區，以展示、互動表演方式傳達綠色環保觀念。透過現場操作各種設施，穿梭會場各展館間如同徜徉在自然綠野中，充分感受自然野趣。

## 宜蘭最水的國際蘭雨節

「竹塹多風，蘭地多雨」，因終年豐沛的雨水，使得宜蘭成為全台唯一不需水庫之地。為了表現宜蘭「水」特色，國際蘭雨節於焉誕生，2008年開辦第一屆，舉辦場地包括：武荖坑風景區、冬山河親水公園及頭城港澳海濱，從山間、河岸到海邊，恰如雨水的循環旅程，吸引近50多萬人前來體驗國際蘭雨節。

**2009年台灣燈會**
◎舉辦時間：2009年2月9日至2月22日

**綠色博覽會**
◎舉辦時間：每年3至5月

**國際蘭雨節**
◎舉辦時間：每年7月至8月

10 又被稱為「鹹酸甜」的宜蘭蜜餞。

11 狀似牛舌而得名的宜蘭牛舌餅。

## 品嚐宜蘭傳統好風味

豐饒的土地孕育出蘭陽好滋味，熱呼呼的米粉羹、魚丸米粉是傳統點心；蜜餞、鴨賞、牛舌餅則是不能錯過的在地禮。

### 香濃米粉羹

宜蘭人愛吃羹，在地的米粉羹與其他縣市不同，用當日現做的粗短米粉，搭配上大骨高湯，加上木耳、紅蘿蔔絲、竹筍、黑輪等配料，十分順嘴。

### 鹹酸甜蜜餞

宜蘭氣候適合栽種金桔和李子樹，清朝時，一位噶瑪蘭廳通判以宮廷秘方熬糖，將產量過剩的水果做成蜜餞，因此蜜餞成為宜蘭的特產。嚐起來又酸又甜又鹹的蜜餞，宜蘭人稱之為「鹹酸甜」。

### 酥脆牛舌餅

長得像牛舌的宜蘭牛舌餅輕薄酥脆，與一般的厚軟口感不同。除了蜂蜜外，另有抹茶、鮮奶等新滋味。

### 鴨賞好滋味

鴨子為早期宜蘭人家飼養的家禽，農家將要淘汰的蛋鴨以鹽醃漬一周後再風乾，放進木製烤箱，以木炭烘烤，再用甘蔗煙燻，讓甘蔗的糖分浸入鴨肉中，便成為今日的鴨賞。傳統店面可見帶骨的全鴨鴨賞，市面販售的產品則為去骨鴨賞。

# 海洋近山脈
## 人文親自然

# 花蓮縣

位在藍色太平洋與中央山脈之間，壯闊的山海景致在花蓮縣內俯拾皆是，除了自然的美，還有自然造就的人文況味內蘊其中。不論是歷史悠久的牌樓、紀念碑、神社、古剎、廢棄空間再生的舊酒廠或豐年祭典等，都值得一探再探。

## 林興華

花蓮瑞穗鄉拔仔庄人，投入社區營造多年，成立蝴蝶谷文史工作室、靛染工坊；2005年籌建常民文化館，蒐集整理社區活動文物與資料。

私房推薦景點
4月造訪富源山野的螢火蟲與蝴蝶谷、193縣道上的柚子香。

因為高山與海洋的屏障，花蓮縣在開發上晚西部地區許多，卻也因為地理環境及豐富的天然資源，使其產業發展自成一格；再加上因大航海時代，葡萄牙人和日本移民的進駐，造就其多重，甚至跨國界的多元樣貌。

01 清水斷崖為花蓮知名的海岸美景。

02 松園別館環境幽靜。

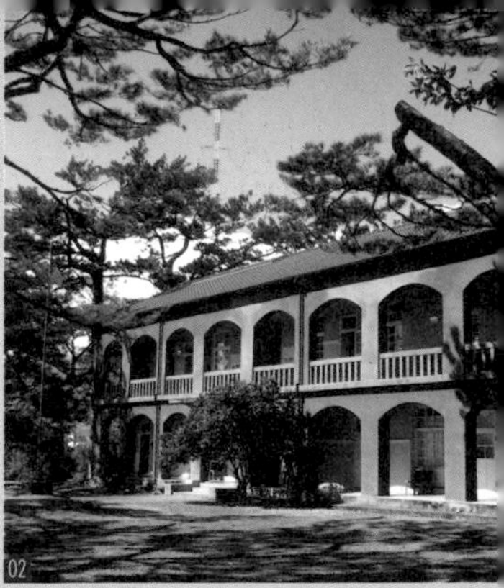

02

## 歷史百景在松園

松園別館興建於1943年，為日軍於花蓮的軍事指揮交通中心，2001年由文建會選定為花蓮地區閒置空間再利用的試辦點，2006年打造成在地藝文展演空間。

往昔的升旗台、避難壕溝還在，還多了林立的松樹，別館內有畫廊、展演空間、書店和餐廳，當年的軍事中心已成幽靜的藝文展演空間，坐落在美崙山上，俯瞰蔚藍的太平洋。

## 太魯閣牌樓封存鬼斧神工

紅色的太魯閣牌樓古典雅致，記錄著開鑿東西橫貫公路過程中榮民的血汗。

青山峽谷中顯眼的紅色，標示著整整3年艱鉅工程的光榮與驕傲。牌樓旁的觀景台能看到秀麗的立霧溪出海美景；往內走為知名的太魯閣峽谷，右轉上坡為提供遊客旅遊資訊的太魯閣國家公園遊客中心，想盡興遊覽太魯閣，建議先到遊客中心了解各類旅遊資訊。

## 橫斷道路開鑿紀念碑

往鯉魚潭方向，舊花東公路初英路段旁有一處不起眼的低矮鐵皮屋，下方有一座已漸漸被人淡忘的國定三級古蹟「吉安橫斷道路開鑿紀念碑」。

吉安橫斷道路即是日治時代的能高越道路，日方為控制太魯閣族原住民，動用近6萬警備員和工人開鑿道路，沿木瓜溪攀過天長山，經東能高、奇萊主峰後接霧社，是如今東西橫貫道路的前身。施工期間，工人常因開炸岩壁而傷亡，完工後設立了「殉職者之碑」，紀念並記載相關時間、人力、工費等；光復後，公路局在此設置「吉安橫斷道路開鑿紀念碑」，以強化紀念碑的歷史意義。

**松園別館**
◎開放時間：09:00~17:00
◎電話：(03)835-6510

03 吉安慶修院為當今台灣保存最完好的真言宗寺院。

04 新城神社看起來就像一座中式牌樓。

## 漫步老建築

新城鄉有一個新城天主堂，舊址是新城神社。日治時期，日軍在此欺凌太魯閣族少女，引發族人出草殺死10餘名日軍，「新城事件」是東部首次的台灣抗日行動。日人於1914年興建此新城神社。光復後，神父為保護神社遺址，鋸掉鳥居兩翼，並在兩側添立木柱，狀似一座中式牌樓。如今，兩座鋼筋水泥打造的鳥居、參拜道兩側的基座和守護獸還很完整，原紀念碑處成為今日的聖母園，數株高大蒼勁的黑松作陪，增添古樸清幽。

另一處位在吉安鄉的吉安慶修院，1917年，為安定在台日人的心，因此興建日本真言宗高野派「吉野布教所」，即為今日之吉安慶修院，亦是當今台灣保存最好的真言宗寺院。

## 文化創意上身

花蓮市中正路與中華路交叉口的舊酒廠，昔日的製酒香氣曾是在地人共同的記憶。

自從遷廠到美崙工業區後，舊酒廠閒置多年，廠區裡傳統的日式建築、廠房和古井隨著時間衰敗；2002年，文建會撥用舊酒廠為文化創意園區，將當年各種空間重整成特色藝文展演空間，入口兩個警告牌「小心文化」、「前有創意」，幽默點出文化生命力。

## 校長夢工廠 紀錄教育之夢

花東縱谷北段的鳳林是客家人居多的小鎮，至今共有90多位校長，有「校長之鄉」美名。鳳林支廳長官宿舍建於1929年，以林田山出產的檜木依傳統工法興建而成的日式木造建築，後一度為鳳林國中的校長宿舍，經整修後定名為「校長夢工廠」。

為保存鳳林具有眾多校長的光榮，並彰顯鳳林客家人「晴耕雨讀」的傳統美德，夢工廠提供兩種展示型態：以鳳林校長口述史為基本素材的主題常態展示，以及地方文化展演的社區活動展示，並興辦生活教室，以經驗分享啟發學生。

**新城天主堂（新城神社舊址）**
◎電話：(03)861-1722

**花蓮舊酒廠創意文化園區**
◎開放時間：9:00~18:00（全年無休）
◎電話：(03)834-8 777

**鳳林校長夢工廠**
◎開放時間：8:30~12:00，13:00~17:00（民俗節日暫停開放）
◎電話：(03)876-4779

05 七星柴魚博物館於2003年開館，讓人親身體驗柴魚產品生產過程。

06 阿美族豐年季的傳統舞蹈。

## 池南社區創意無限

池南社區位於鯉魚潭南方，多為阿美族人，另有部分閩南、客家與外省人，為提振部落產業生機，池南社區向花蓮林務局承租販賣部，由部落耆老教導傳統工法，興蓋「樹屋」餐廳，食材皆來自居民自己耕種的野菜，以及養殖的黃金鯛、土雞；同時更開發出具原民特色的木雕、導覽、民宿等。近年來，更積極發展彩繪蝸牛殼活動及樹皮布樹皮手工藝，見證池南社區的活力與創意。

## 柴火燻魚的香氣

曾為七星潭一帶最忙碌的柴魚工廠，迎面而來的燻魚香氣，柴火劈哩啪啦地燒成過往雲煙。為了留存歷史，也為了讓更多人了解與海共生的環境與故事，七星柴魚博物館終於在2003年設立。

為了讓人們了解柴魚產品生產過程，館內提供實景與解說，文化探索區介紹舊建築歷

史、七星海洋的魚類和漁業史；學習體驗區，讓旅客體驗刨柴魚樂趣；熱食餐飲區則提供柴魚食材小吃，另外還有紀念品專區。

## 藝文共演 歌舞同樂

豐年祭是阿美族慶祝作物豐收、感激祖先庇蔭，也趁此聯繫族人情誼。傳統豐年祭原於每年10月展開，但為響應在地觀光發展，部落紛紛提前於7月中旬登場，先舉辦結合13個鄉鎮市公所的聯合豐年祭，其後才是各部落自行舉辦的豐年祭典，可洽詢花蓮縣政府。

從2006年開始，松園別館於每年秋天邀請老、中、青詩人配合松園的幽靜、詩的美及歌的自在，舉辦太平洋詩歌節。美崙山上匯聚許多原住民族、閩客與外省等族群，知名詩人如余光中、楊牧，詩評家如陳芳明、劉紀蕙等，在此讀詩、談詩、做詩，在海天一色中，跨族群的太平洋詩歌節就此展開。

**七星柴魚博物館**
◎開放時間：9:00~20:00
◎電話：(03)823-6100

**花蓮豐年祭**
◎舉辦時間：7月中旬至9月初

**太平洋詩歌節**
◎舉辦時間：每年11月初

07 曾記麻糬遵循傳統手工製法，為花蓮在地伴手禮最佳選擇。

08 豐興餅舖的雷古多，如唱盤般的外形，餅皮為吐司皮。

## 海洋與山脈的美食地圖

品嚐道地美食是旅遊不可或缺的體驗，回家前，再買些麻糬、花蓮糬、雷古多等，沉甸甸提在手裡，更不虛此行。

### 公正街包子 熱情的溫暖滋味

中山路上的公正街包子店，24小時營業，門口用包子疊起一座小金字塔，是許多花蓮人從小吃到大的好味道。店內最富盛名的小籠包，肉餡飽滿，麵皮柔軟，一口咬下，肉汁滿溢。

### 液香扁食 皮細肉多、湯香餡飽

液香扁食已聞香花蓮70多年，當年20出頭的戴榮光隨祖父學做扁食，堅持肉餡必選腿肉，湯底以大骨熬成，久煮不爛的花朵狀餛飩，份量足，湯甘美。

### 美味迴旋唱片餅

豐興餅舖的雷古多具有如唱盤般的外形，餅皮為烘烤成金黃色的香脆吐司，並於其中淋上各式果醬，撒下晶亮的砂糖，迴旋外型與酥脆口感深深擄獲人心。

### 曾記麻糬 咬下天邊一朵雲

從一台小小的拉車到如今分店林立，曾記麻糬遵循傳統手工製法，皮Q柔軟，搭上甜而不膩的傳統內餡，像紅豆、綠豆、花生等。

# 台灣後花園

## 原藝之美

## 台東縣

台東縣是台灣的後花園，除了景致宜人，多元文化的並存及交融也是一大特色。卑南文化史前遺址的發現、糖廠與舊車站閒置空間的再利用、原住民族漂流木的手創藝術與歌舞、庶民精神的元宵寒單慶典等等，一一展現出精彩的文化風景。

## 陳文生

出生於台東市建和部落，為卑南族建和部落第69代頭目，曾舉辦多次雕刻個展，創作取材於部落生活，以木雕留存從前唱歌、跳舞、狩獵、謝天祭祖的樣貌，企圖找回部落傳統精神及認同感。

私房推薦景點
台東糖廠原創工廠與新東糖廠（都蘭紅糖文化藝術館）再利用後的在地文化展演空間。

台東擁有好山好水及獨特的歷史背景，聞名國際的史前文化遺址，是台灣原始文化瑰寶；多族原住民文化，外加閩客、外省族群移居後所孕育出的繽紛人文風情。離天空與海洋很近，人與土地的故事每天都在發生，習慣匆忙腳步的你，不妨來此體會人土關係及多元族群融合下的美麗。

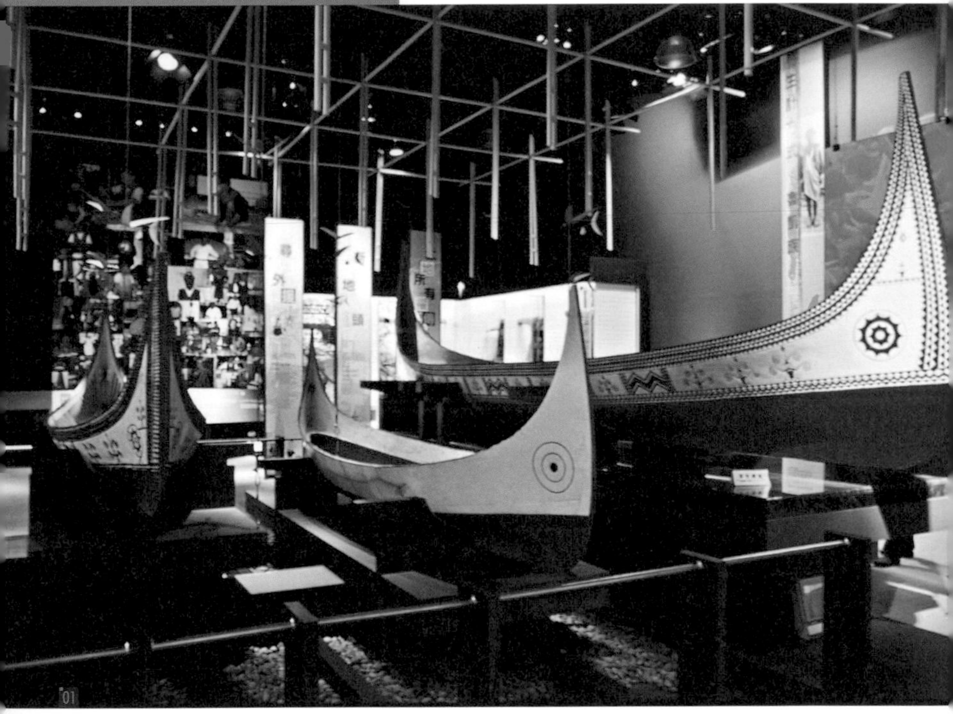
01

01 史前博物館內展出的海洋文化代表—蘭嶼拼板舟。

02 史前博物館。

03 東海岸風景管理處內設有遊客服務中心，提供遊客觀光資訊。

## 東管處 山海文化之美

東部海岸北起花蓮溪口，南迄小野柳風景特定區，屬於東海岸風景管理處的主要轄區，另設有遊客服務中心、阿美民俗活動中心。

遊客服務中心有多媒體簡報室、東海岸環境資源展示館、台東地區文化活動訊息與簡章；民俗活動中心有傳統的阿美族祭屋和家屋等建築，入口處的對邊馬路有一座以茅草和漂流木搭蓋的阿美族瞭望台。

02

## 卑南遺址出土找出人類歷史

1980年卑南遺址的搶救行動，造成史前文化博物館的誕生。當時台鐵台東新站進行新建工程，卻因此發現史前文物的卑南遺址，許多史前石板棺和精美陪葬品露出地表，這是台灣考古史上發掘範圍最大的遺址，也是台灣新石器時代中晚期重要的代表性遺址，更是東南亞地區與環太平洋中規模最大的石板棺墓葬群遺址。為此，台東縣政府委請考古隊進行搶救。搶救活動結束後，學者建議就地興建戶外博物館，以保存史前遺址。

2001年開館的史前文化博物館，由國際建築師設計建築主體，為台灣史前文化的保存與研究奠立基礎，展出史前館簡介、卑南文物精華、卑南文化公園等，揭開人類歷史，促使人們珍惜自然與文化資產。

**東海岸風景區管理處**
◎開放時間：8:30~17:30
◎電話：(089)841-520

**史前文化博物館**
◎開放時間：周二至周日9:00~17:00（農曆除夕及大年初一休館）
◎電話：(089)381-166

04 都蘭紅糖文化藝術館前身為新東糖廠，廠房已改成藝術家展區。

05 台東鐵道藝術村結合藝文及休閒機能，成為台東知名文化場域。

## 糖廠再飄香 飄散藝術味

台東糖廠在1996年不再製糖後，文建會出資整修6棟砂糖倉庫，分別由台東縣原住民族全人發展關懷協會（卡塔文化創意工坊）、南島社區大學發展協會和杵音文化藝術團承租，原創工廠因此誕生。2008年8月在此舉辦「東糖再飄香」，內容有東糖文物館、工藝裝置藝術等，並有原民藝術者進駐，開設部落傳統工藝教學、傳統歌謠舞蹈學習等，閒置廠房結合地方工廠與原住民文化，增加藝文活力。

都蘭紅糖文化藝術館舊名「新東糖廠」，是東部僅存的紅糖工廠，也是台東少數保存完整的糖廠之一，大煙囪是好認的地標，建於日治時代。1991年，新東糖廠停止生產後，也漸漸被人們所遺忘。一批擁有搖滾靈魂的創作

05

者，結合部落、在地居民、新移民及糖廠老員工，將新東糖廠改頭換面，結構完整的木造房舍變成民宿，水泥廠房變成駐村藝術家展區，辦公室成為糖廠咖啡館，周六晚間有現場音樂演出，流動著人文價值與自由精神。

## 再出發 走出人文新生命

台鐵台東新站完成後，舊站在2001年廢站，保持完善的舊站因此進行閒置空間再利用，搖身變為「台東鐵道藝術村」，成為集合藝術與休閒的多元文化場域。

位於都蘭山麓的月光小棧，原是都蘭林場行政中心，2003年為導演林正盛拍攝「月光下我記得」的電影主場景，該片於第41屆金馬獎中奪得兩大獎項，東管處保留部分陳設並開放參觀。2005年，「女妖在說畫」藝廊認養月光小棧，持續推動東岸藝文展演活動，一樓定期推出女性相關展覽；二樓為電影主場景：戶外空地不定時於周末有演出；旁側的小咖啡館則可眺望藍色太平洋與都蘭村落。

**台東糖廠原創工廠**
◎開放時間：10:00~18:00
◎電話：(089)227-720

**都蘭紅糖文化藝術館**
◎開放時間：周二至周日10:00~17:00（國定假日、寒暑假機動調整）
◎聯絡電話：(089)530-187

**台東鐵道藝術村**
◎電話：(089)334-999

06 台東元宵盛事之炸寒單爺。

07 綠島美麗的海岸線。

08 蘭嶼傳統的地下屋，從外觀看只剩屋頂一簷。

## 炮轟寒單爺 歡慶元宵節

台灣三足鼎立的慶典「北天燈，南蜂炮，東寒單」，原是清朝流傳下來的民間習俗。台東元宵節的炸寒單有60多年歷史，據說寒單爺怕冷，因此人們丟鞭炮為其驅寒，也有祈福、求財之意。炸寒單多於晚上舉行，花燈車在台東市區集合後遶境，炸開的火花夾雜在硝煙之下，震耳欲聾的鞭炮聲與赤身勇猛的寒單爺在街道上接受炮轟，吸引人們目光。

## 南島文化節 「原」來本一家

台灣可能是目前分布在東南亞和太平洋諸島上南島民族的祖居地之一，因此台灣原住民族與其他南島族群有著密切的關係。

每年下半年，台東縣舉辦南島文化節，邀請其他南島族群參與，讓人了解南島民族文化之別。活動中，以音樂欣賞、研討及展覽、南島服裝設計創意秀、南島歌曲創作比賽等，以加深人們對原民文化的尊重。

08

## 藍色之嶼的地下屋

地下屋是達悟族人隨著蘭嶼的自然環境而發展出的一種居所，可安然渡過強烈季風及颱風侵襲。這種半地下坑式的房屋，得由族人共同協助，自然而然形成聚落。

它分成主屋、工作房、涼台、小米倉庫和豬圈，室內光線不佳，卻冬暖夏涼。主屋沿著坡地建築，從外觀看只見屋頂一簷；工作房用以儲糧、做手工藝或客房；涼台是夏日乘涼所在，也有瞭望周遭環境功能。

## 正視傷痛 毋忘人權

綠島曾是人權禁地，東北角一帶是當時監禁政治犯之處，更是白色恐怖受難者或家屬揮之不去的惡夢。

2001年，行政院將西起公館漁港、人權紀念公園、行政院海巡署廳舍、綠洲山莊、國防部醫務所、莊敬營區，東至燕子洞及周邊海岸核定為「綠島人權紀念園區」，代表20世紀台灣勇於面對歷史錯誤與建立人權的努力。

**南島文化節**
◎舉辦時間：每年下半年

**台東元宵炸寒單**
◎舉辦時間：每年元宵節期間

09 好的擺手創藝品店展現東海岸創作者之巧思。

10 東河肉包，皮Q肉嫩，是令人難忘的台東美食。

## 台東最佳伴手好物

台東有許多美味小吃及令人難忘的好手藝，觀光過後，也可採買在地好禮，把台東的好物、好味帶回家。

### 臭豆腐飄香萬里

正氣路老東台米苔目店隔壁的林記臭豆腐，臭豆腐炸到酥脆，再淋上精心調製的微辣醬汁及九層塔香屑，每天下午3點半到11點營業。

### 東河肉包的排隊好滋味

東河肉包老店遷至台11線大馬路邊的獨棟樓房，肉包的鬆軟白皮與鮮嫩肉汁，令人回味。

### 金黃色的懷鄉風味

楊記家傳地瓜專賣店傳承古法精製，只賣裹上糖絲的地瓜酥、入口即化的地瓜蜜及熱熱的碳烤地瓜。

### 好東西擺進來

「好的東西擺進來，都by好的創作者，看到喜歡就來buy，謝謝光臨say Good-Bye」，好的擺手創藝品小店位於新東糖廠咖啡館正後方，展售琉璃珠吊飾、都蘭陶等創作藝品。

# 生命心律動

## 菊島新藝象

## 澎湖縣

開發早於台灣400年的澎湖，又稱為「平湖」、「菊島」，自南宋時期即有漢人活動的遺跡，除了藍天碧海的風景，以及64個秀麗小島外，澎湖所蘊藏的創造力、生命力如同小而堅毅的天人菊，年年在菊島開出鮮豔的花朵。

## 林文鎮

馬公高中國文老師，他認為因應氣候及環境的生活方式為澎湖最大特色，像為了阻擋寒風，蔡宅居民以咾咕石築成石牆，讓地瓜苗得以成長，因此形成蜂巢田景觀；以咾咕石築成的石滬，則是漁民冬天的經濟來源。

私房推薦景點
夏日於吉貝石滬舉辦的石滬生態體驗活動。

擁有陽光、沙灘風景的澎湖，共有64個大小島嶼散落海上，其中40多座島嶼無人居住。在馬公市、湖西鄉、西嶼鄉、白沙鄉、七美鄉及望安鄉等行政轄區中，以本島馬公市人口最密集，儘管與台灣有一水之隔，更在現代化潮流中激盪出在地富饒文化。

01 西嶼跨海大橋。
02 馬公開台天后宮。
03 順承門為澎湖僅存的清朝建築遺跡。

## 馬公開台天后宮一展素顏

這座全台最老的天后宮，沒有絢爛鍍金，卻讓人在廟埕前端倪著雅致的廟宇建築與精緻的木雕石刻。據說馬公之名由來，也是出自於此。相傳先民移居澎湖時，稱天后宮為「娘宮」、「娘媽宮」或「媽宮」，並習慣以「媽宮」為地標，清光緒13年建造媽宮城的城牆及城樓，因此便以「媽宮」當成地名；日治時，則改為讀音相近的「馬公」。

從門埕前的照壁開始，走過山川殿前的八卦石階、門屏的木雕、中庭的蓮花吊筒及清風閣內的宗教文物，以及台灣出土石碑中最早的「沈有容諭退紅毛番韋麻郎等碑」，藉此瞭解其歷史地位及被列為國定一級古蹟的重要性。

02

馬公開台天后宮
◎開放時間：5:00~20:30
◎電話：(06)926-2819

## 見證在地歷史遺跡

相傳鄭成功要前往台南鹿耳門時，準備在澎湖登岸補給，但因為島上沒有乾淨飲水，於是拔出明朝皇帝御賜寶劍，向天禱告後，將劍往地上一插而湧出甘泉，之後並連續以寶劍插地3次，因此成為今日的四眼井。

另一處清朝建築遺跡為國定二級古蹟的順承門。當年澎湖的防禦城門共有東、南、西、北門及小南門、小西門，順承門為當年的小西門，位於新復路與中山路附近。

被澎湖人稱為「街內」的馬公中央街，是馬公市發展起源，也是台灣現存最早的漢人聚落，為早期住民由漁港到聚落的要道，如今觀光人潮依舊，不負其「馬公西門町」美名。

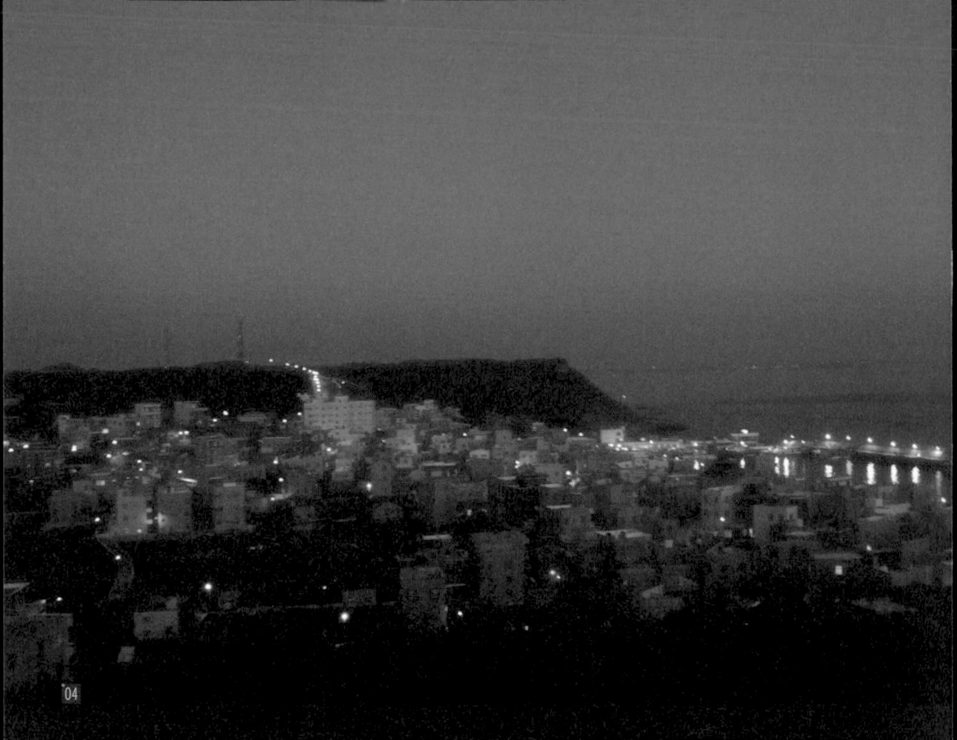

04

05

04 西嶼海邊村落。

05 位在西嶼的西台古堡。

06 望安島上的中社聚落，多以澎湖特有的咾咕石為建材。

## 西嶼海濱公路美景無限

位於澎湖本島西方的西嶼，包括漁翁島與小門嶼，主要是玄武岩形成的方山島嶼，明鄭末年於西嶼建造西台戍守；康熙56年改成海防砲台；中法戰爭時，劉銘傳堅守西台，擔任台灣首任巡撫後，聘請德國人設計興建了西台古堡，由此可見其要塞地位。

## 陰陽調和雙塔傳奇

在西嶼內垵村北港有兩座石塔，以石牆相連，東塔塔身較大、頂上有飾物；西塔塔身較小，兩者造型分成雄雌，被稱為「塔公」、「塔婆」，為內垵當地呂姓望族所建。據說從前內垵北港往西處的暗礁與陸地間形狀像箭，直射進內垵村，令人不安。勘查後，以玄武岩、咾咕石建造出雌雄雙塔，並築牆以鎮壓。至於大菓葉、池西附近的柱狀玄武岩群，如今也已成為壯觀的世界奇景。

## 傳統與現代並陳的二崁聚落

身為台灣第一個傳統聚落保存區，西嶼鄉的二崁聚落在1993年陸續改建，卻遵守傳統禮教，民居高度不超過村內唯一廟宇「二興宮」，即便是村內最豪華的三級古蹟「陳家大厝」也一樣。另外，在二崁聚落協進會努力下，從村口的二興宮開始，無論是牆壁、窗堵或菜田都加上各種陶甕、石雕、手繪圖像等等，將村落點綴成藝術殿堂，並有專人進行導覽，並教導製作二崁傳香、花生粿等。

## 走訪望安中社咾咕石厝

本島南方望安島的中社聚落，舊稱「花宅」，漫步其中，總會看見「花宅x號」的古老門牌，據說因整個聚落中央有一個小丘，是當地蓮花山「花心」所在，因此得名。

擁有150間閩南式傳統古厝的花宅，多為三合院建築，除了傳統門樓、石窗、壁磚外，以澎湖特有的咾咕石為主要建材。如今村中僅剩獨守著頹圮舊宅的老人，閒暇時則在門前擺售自製的酸瓜及文石手工藝品等。

**西台古堡**
◎開放時間：夏天7:30~18:30、冬天8:00~17:30
◎電話：(06)998-2611

**二崁聚落協進會**
◎電話：(06)998-2776

07 澎湖著名地景之一的雙心石滬。

08 地景藝術強調的是重視自然環境，每年藝術家都提供令人深思或會心一笑的作品。

09 元宵節時，澎湖人將麵龜供奉於廟中，向神明乞求來年平安

## 雙心石滬 澎湖最美地景

在澎湖的蔚藍海面上，雙心石滬其實是漁民的「海田」，也是七美島上漁民捕魚的重要場所。

石滬捕魚，是澎湖先民傳承下來的漁獵法，在退漲潮大的海岸邊，以咾咕石堆起石牆，開口面對海流湧進處，面對開口的底端再往兩側至開口延伸交集。隨著漲潮而游進石滬中的魚群，退潮時，因石滬特殊的造型，讓魚群因洄游習性而難以找到出口，因此滯留於石滬中。當漁民冬季無法出海時，便可在石滬中撒網捕魚，以維持生計。

07

08

09

## 澎湖國際地景藝術節

擁有玄武岩、蜂巢田、咾咕石古厝等諸多特殊地景的澎湖，自2001年起開始舉辦地景藝術節，每年有眾多國內外藝術家共襄盛舉。

地景藝術（Land Art）不同於一般的公共藝術，強調的是重視自然環境，進入自然，表達反省、理解與觀感。每年藝術家都提供出令人深思或會心一笑的作品，讓澎湖住民重新認識家園，也讓遊客深入認識澎湖的自然與人文景觀。

## 元宵熱鬧乞龜大會師

元宵節時，澎湖人除了舉辦熱鬧的傳統年節活動外，還有向神明乞求來年平安的「乞龜」。元宵前夕，前任乞龜得主會用白糖、麵粉做成「麵龜」供奉於廟中，想要乞龜者可自行前往廟裡擲筊，取得「聖筊」者，可把「麵龜」帶回家，代表來年工作平安、身體健康，明年再捐出相同或更大的麵龜。如今有以白米堆出的「米龜」、純金打造的「金龜」等等，又以馬公天后宮的萬斤「米龜」最受人矚目。

**澎湖國際地景藝術節**
◎舉辦時間：每年約7月至11月展出作品

**元宵乞龜大會師**
◎舉辦時間：每年元宵節期間

10 黑糖糕為澎湖的伴手禮之一。

## 享用澎湖正好味

澎湖有許多專屬好滋味，黑糖糕、鹹餅、仙人掌冰及花生都是道地好滋味。

### 香甜不膩黑糖糕

相傳澎湖黑糖糕起源於日本沖繩，從春仁黑糖糕開始製作迄今，其他如媽宮、黑妞、水月堂等亦為在地名店。

### 美味鹹餅 點心特產

四四方方的鹹餅是澎湖特有小點心，帶著細蔥末，咬起來酥脆，嚐起來帶著豬油香及胡椒嗆味，諸如有140年歷史的盛興餅店、老字號泉利食品行。

### 孕育一整年的好花生

澎湖冬季風大少雨，適合花生生長，以西嶼花生最出名，花生酥、花生粿也是知名伴手禮。

### 仙人掌冰

澎湖人利用隨處可見的仙人掌紅色果實去籽、去皮、打碎，加入冰中攪拌，即成豔紅欲滴的仙人掌冰，消暑又解渴。位於通樑古榕樹到跨海大橋間的易家仙人掌冰則是遊客的最愛。

# 豐美的文化 浯島故事

## 金門縣

沒有一座島嶼，像金門這般特別。舊稱「浯島」的金門，島上有著最傳統的閩南古厝、象徵當年金僑富裕盛況的洋樓，卻也同時擁有坑道、碉堡等軍事設施。百年古厝上遺留的是槍林彈雨後的強毅生命力，因此造就出令人驚嘆的浯島故事！

## 黃振良

金門縣采風文化發展協會首任理事長，從事金門地方文史調查研究，他認為，金門不只有1千多年的戰地歷史，也有距今8至9千年的史前遺跡及宋、明文化史蹟，都值得進行文化觀光。

私房推薦景點

瓊林聚落可了解宗族文化、官宦家族；水頭聚落可了解僑鄉建築及金門人出洋奮鬥。

金門是個充滿文化的島嶼，有傳統閩南聚落，謹守禮教的宗廟文化，也有輝煌的僑鄉故事，更有戰火下的歲月遺跡。金門的華美民居吸引著遊人，改建的古厝為聚落注入活力，也成為最具特色的住宿地點。史蹟與戰地並存，更為金門創造出獨一無二的風情。

01 莒光樓為仿古宮殿式建築，表彰金門歷次戰役中官兵們的英勇事蹟。

02 邱良功母節孝坊的牌坊有橫刻的「欽旌節孝」石匾。

03 金門人的守護神—風獅爺，各村落的風獅爺造型皆不相同。

02

## 再現戰地歷史風光

建於1952年的莒光樓，用來表彰金門歷次戰役中官兵們的英勇事蹟。這棟仿古宮殿式的建築，外觀看來飛簷畫棟、朱柱碧瓦，目前為旅遊服務中心，設有金門簡介、戰地歷史及多媒體簡報中心，是初來遊客必定造訪的首站。

位於金城鎮市中心的總兵署，原為明末會元許獬讀書的叢青軒，清康熙時，總兵官陳龍將署衙自金門城遷移至此，直到民國81年終止戰地政務，約310年都是金門最高行政中心；如今為前清衙門史料館，現為三級古蹟。

## 金門人的風獅爺守護神

因為東北季風旺盛，金門人自明清以來便設立「風獅爺」以鎮風驅邪。根據統計，目前各村落現存的風獅爺共有68座，其中金沙鎮有41尊、金寧鄉有8尊、金湖鎮有13尊、金城鎮有6尊，造型各異，有的威猛懾人、有的露齒含笑；最高有3公尺、最小的有22公分，每尊風獅爺及其傳說皆為金門文化增添獨特性。

## 洋溢懷舊情懷

原名「自強街」的模範街，民國13年由金門商會會長傅錫琪集資興建，以日本大正風格為主，融合西式紅磚，第一進為日式洋樓、第二進為閩式建築，是熱鬧的商店街。

矗立於金城鎮東門里莒光路、通往菜市場的要道上有座一級古蹟，以泉州花岡岩與青斗石所建的四柱三重樓式牌坊，有近200年歷史，旨在旌表清浙江水師提督邱良功之母許氏守節28年，牌坊上豎刻「聖旨」、橫刻「欽旌節孝」石匾，是台閩地區現存牌坊中最壯觀者，柱子前後立有4對雄雌石獅，就像牌坊的守護者。

**莒光樓旅客服務中心**
◎開放時間：8:00~22:00
◎電話：(082)325-632

**總兵署**
◎開放時間：10:00～22:00

04

04 由人力挖鑿的翟山坑道。

05 金門人利用炮彈做成鋒利的鋼刀，創造金門鋼刀產業。

## 地下坑道體驗金門民防

歷經古寧頭戰役及八二三炮戰後，金門民防成為協助軍事防禦的重要力量，各村落編組自衛部隊，並開挖四通八達的地下坑道，形成聚落的民間防衛網。

目前開放的地下坑道，除了原有的瓊林村落地下坑道外，還有位於金城鎮地底下、全長2,559公尺的金城民防坑道，坑道入口在金城車站二樓，設有主題展示館，坑道中有聲光效果十足的砲擊體驗區及坑道構工展示區，彷彿回到50年前的金門。

金門島西南方的翟山坑道為由陸地通往海面的坑道，沿著陸地坑道往下走，可見地下一條呈A字形的戰備水道，內設有停靠碼頭，可容納小艇42艘駐泊。1958年八二三炮戰後，駐守金門的國軍為突破軍事封鎖，擇地開挖小艇坑道，供登陸小艇搶灘補運之用。

翟山坑道的水道主體結構為花崗岩，由人力一工一斧開鑿而成，自民國50年起開挖，耗時共5年，可見其工程之艱辛。

## 浦邊周宅看金門大戶豪宅

位於浦邊的周宅為縣定古蹟，興建於清嘉慶18年至道光年間，為清朝水師副提督周全斌的族裔周文、周弁父子所建，浦邊周氏的堂號為「濂溪」，為宋代周敦頤後代子孫。

周宅屬於閩南建築的三落大厝，其外有長工們居住的「五間」曲形堂屋，花園、照牆及木雕、泥塑、花鳥彩繪等裝飾，門口的大石埕及兩側欄杆式石板是金門宅第少見的樣式。

## 炮彈變鋼刀 打出新生路

讓金門絕地重生的另一個重要戰役，則是號稱「第二次台海危機」的八二三炮戰。

1958年8月23日下午，共軍發射第一發炮彈後，接連44天，金門遭受近48萬顆炮彈攻擊，許多閩南厝被破壞、農地被炸得滿目瘡痍，但金門人卻利用這些落在土地上的大大小小炮彈做成鋒利的鋼刀，並創造出獨特的產業文化。老舖金合利、金永利的金門鋼刀，為最具金門特色的特產。

**金城民防坑道**
◎開放時間：14:30~20:30
◎電話：(082)321-547

**翟山坑道**
◎開放時間：8:30~17:00全年無休（除夕或公告停止上班日等特殊狀況，停止開放）

06 金門慈湖在冬季成為候鳥棲息之地，吸引賞鳥人潮前往。

07 金門文化藝術節營造出金門在地文化特色。

## 圍海造慈湖 候鳥新樂園

位於金門島西北角的慈湖，民國58年由金防部司令官馬安瀾倡建，為一圍海築堤而成之鹹水湖。在古寧頭附近築有長堤，預防敵人軍事登陸，堤內闢有養殖池120公頃，魚蝦豐富，常有遊客到湖濱垂釣；冬季則為候鳥棲息的最佳地點，其中以台灣罕見的鸕鷀最為知名，每逢10月下旬便出現賞鳥人潮。

## 高粱飄香引人醉

10月時節，金門處處可見帶著飽滿穗子的高粱迎風搖曳。金門人說，喝高粱要牢記口訣，「蓮花指、輕舉杯、深入喉、舒展眉、重擲杯、讚好酒」，享受暢飲樂趣。金門有賣魚尾、雞頭的勸酒文化，當全魚、全雞上菜時，要將魚尾、雞首對準主客，主客夾下魚尾、雞頭，以下位願意喝下的高粱杯數賣出，再依序增加杯數賣給賓客，大家都已喝得酒酣耳熱。

## 節慶、藝術展演 令人驚豔

金門城隍爺「浯島邑主城隍」，原坐鎮於金門城，康熙年間隨總兵陳龍移駐後浦（金城鎮市區）；300多年來，金門人都在遷治日（農曆4月12日）舉辦巡安大遊行，其中每3年有1次「大迎」（必逢閏年）、2次「小迎」，由後浦東西南北四境輪流值爐主，除了遶境巡安，也連日宴請親友。如今的浯島城隍文化觀光祭由金城鎮公所主辦，為年度盛事。

自2004年起，金門縣政府文化局於每年9、10月間舉行金門文化藝術節，時間長達一個月，內容結合在地與國際展演隊演出，營造金門文化的藝術吸引力。巡演範圍包含金門各鄉鎮及烈嶼島，周周都有表演活動，吸引不少國內外旅客選擇此時到金門進行文化觀光。

**四月十二迎城隍**
◎舉辦時間：每年農曆4月12日

**金門文化藝術節**
◎舉辦時間：每年9月至10月

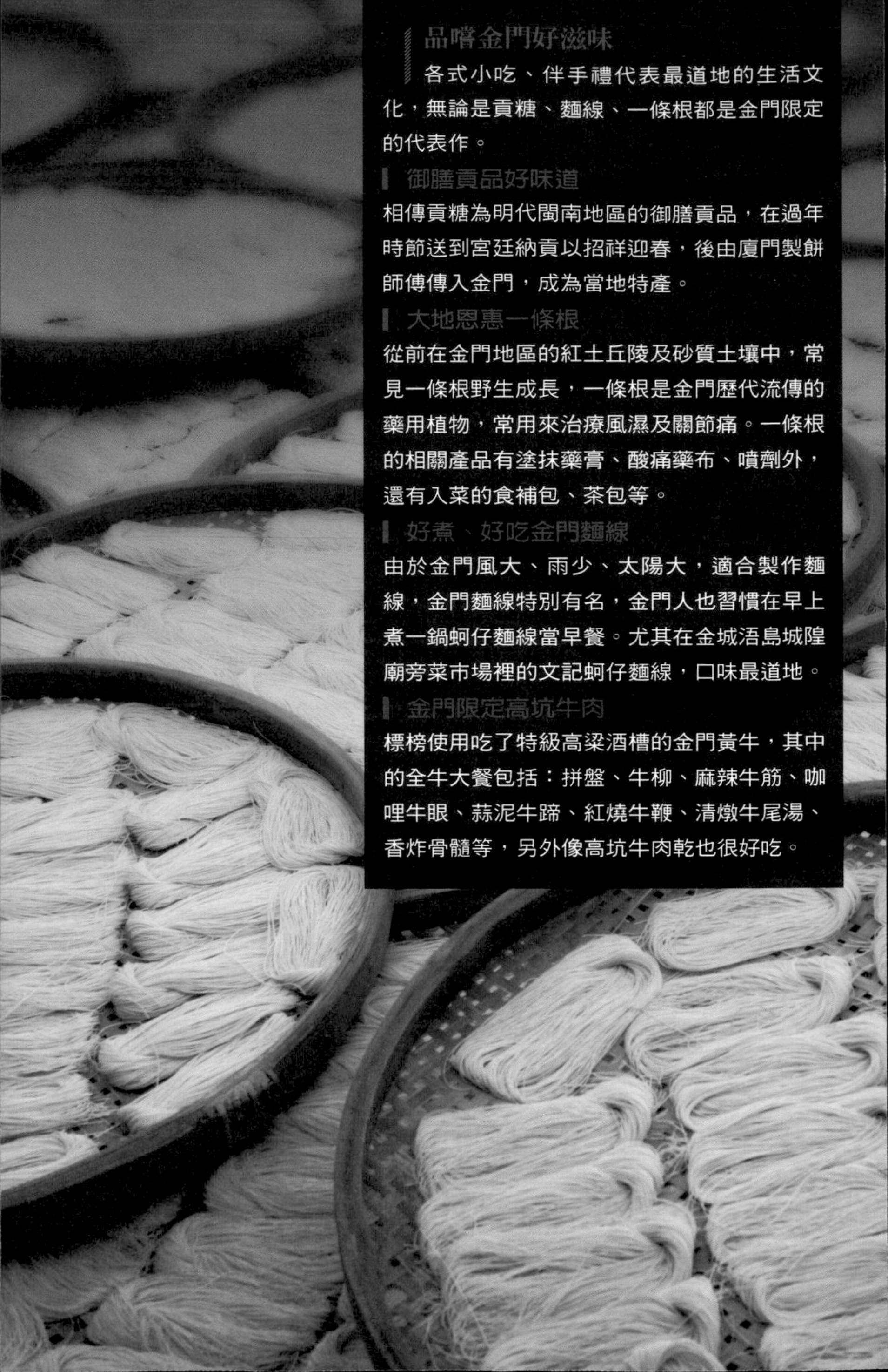

## 品嚐金門好滋味

各式小吃、伴手禮代表最道地的生活文化，無論是貢糖、麵線、一條根都是金門限定的代表作。

### 御膳貢品好味道

相傳貢糖為明代閩南地區的御膳貢品，在過年時節送到宮廷納貢以招祥迎春，後由廈門製餅師傅傳入金門，成為當地特產。

### 大地恩惠一條根

從前在金門地區的紅土丘陵及砂質土壤中，常見一條根野生成長，一條根是金門歷代流傳的藥用植物，常用來治療風濕及關節痛。一條根的相關產品有塗抹藥膏、酸痛藥布、噴劑外，還有入菜的食補包、茶包等。

### 好煮、好吃金門麵線

由於金門風大、雨少、太陽大，適合製作麵線，金門麵線特別有名，金門人也習慣在早上煮一鍋蚵仔麵線當早餐。尤其在金城浯島城隍廟旁菜市場裡的文記蚵仔麵線，口味最道地。

### 金門限定高坑牛肉

標榜使用吃了特級高粱酒槽的金門黃牛，其中的全牛大餐包括：拼盤、牛柳、麻辣牛筋、咖哩牛眼、蒜泥牛蹄、紅燒牛鞭、清燉牛尾湯、香炸骨髓等，另外像高坑牛肉乾也很好吃。

# 閩東風情
## 微醺的戰地情調

### 連江縣

傳統的閩東聚落，花崗岩堆砌而成的石頭屋，是連江縣另一片風景。走在街上，穿著迷彩的阿兵哥，是獨特街景，山頭的碉堡、海角的據點，在褪去肅殺的戰地氣氛後，擔任起觀光大使。福州料理中的紅糟菜餚、老酒文化為當地創造濃厚的閩東風情，微醺的戰地情調。

## 賀廣義

馬祖文史研究者，他推薦的馬祖文化景點有，依山傍海的芹壁聚落、花崗岩的山牆石壁，刻有強烈反差的「光復大陸」、「解救大陸同胞」等標語，遊客都可在此發現馬祖的古樸文化之美。

私房推薦景點
芹壁村海盜屋、芹壁村天后宮裡的鐵甲元帥。

連江縣，由充滿故事的離島所組成，故事題材從早期移居自福建的先民，到軍管時期的抗戰故事等等。其中的廟宇文化、閩東聚落、坑道、碉堡、燈塔、古蹟及獨特的釀酒文化，值得讓人細細回味。而這發散的在地文化層次，源自於原鄉的芬芳，並混雜著戰地的野味及老酒香。

01 如今為馬祖酒廠窖藏老酒及高粱的八八坑道。

02 馬港天后宮。

02

## 馬港天后宮 神仙級觀光推手

「馬祖」之名因「媽祖」而來。馬港天后宮相傳為媽祖為救遭逢船難的父親，不幸遭惡浪吞噬，死後屍身漂至村內澳口，民眾以石棺厚葬，並立廟於此，此為馬港天后宮的由來。

「媽祖昇天祭」為馬祖當地紀念媽祖於農曆9月初9在此羽化昇天的大型宗教文化活動。馬港天后宮扮演活動的對外交流橋樑，並藉由與兩岸三地各天后宮往來會香，讓馬祖走出去，也讓世界因媽祖而走進馬祖。

## 天險軍事據點 景致鬼斧神工

位在南竿北海坑道旁的大漢據點，內部從上而下為軍方連部，以及最下層的四個90高砲陣地、簡報室、中山室、庫房等，昔日天險據點搭配海天一色美景，散發戰地氛圍。

穿過鬼斧神工的照壁，這是馬祖最具代表性的戰地工程—北海坑道。坑道深入山腹、貫穿花崗岩，井字型的水道為昔日規劃軍備運補碼頭；入口處的紀念碑為紀念當年因興建坑道工程而犧牲性命的戰地英雄。

如今為馬祖酒廠窖藏老酒及高粱的八八坑道，為先民躲避海賊之地；國軍駐防後，將坑道加高推深以停放戰車。民國81年，移交縣府酒廠管理，為少數飄散酒香的戰地坑道。

**媽祖昇天祭**
◎舉辦時間：每年農曆9月初9期間

**八八坑道**
◎開放時間：周一至周五上午9:30、10:30或下午14:30、16:30、周六及日下午13:40~16:30
◎電話：(0836)2820

03 芹壁村屋舍為花崗岩石頭屋。

04 橋仔村的特殊廟宇構造。

## 在離島芹壁遇見希臘地中海

芹壁，是近年馬祖對外宣傳最具代表的閩東聚落之一。錯落在山腰間的花崗岩石頭屋，聚落前平靜無濤的海灣，令來訪旅客無不被眼前這片如地中海般的美景所吸引。

如同其他聚落一樣，芹壁興起於漁業時期的一澳口一聚落。坐落在芹壁高處，村內建築最考究的陳忠平宅，即為當年擁兵自重的海盜根據地，向來往芹壁灣澳的船隻收取過路費。相傳屋內有一條通往澳口烏龜島的秘道，為當年海盜用來運送搶奪所獲得的寶藏。

## 廟村橋仔　一村八廟

廟村橋仔是一個神比人多的村莊。橋仔曾為北竿第一大村，漁獲及貿易鼎盛，當時設有鴉片館、酒館、賭館、鹽館等，可見其榮景。

04

橋仔村的大小廟宇林立，更以「一村八廟」冠絕全縣。除了發展出三廟一體的特殊廟宇結構外，神比人多的現象，讓「廟村橋仔」稱號，不脛而走。橋仔澳口曾為北竿離島高登、亮島軍方物資運補口岸，目前為前往大坵島探訪梅花鹿及出海磯釣旅遊港。

## 戰爭走過的歷史痕跡

位在北竿后沃村後方大沃山的戰爭和平紀念公園，是馬祖唯一一座大面積規劃展示武器與據點坑道的戰地公園，館外更擺放除役的軍用大卡車、機槍陣地、自走砲、戰車等。

東犬（今東莒）燈塔為一花崗岩建造的洋式燈塔，創建於清同治11年，因鴉片戰爭中國戰敗，被迫開放五口通商而生，自此便擔任起洋船航行閩海的導航，迄今有一百多年歷史，列為國定二級古蹟。在東莒老頭山山坡上懷古亭下有一個明朝遺留的大埔石刻，記載萬曆45年總兵沈有容不費一兵一卒，智取東沙島，生擒倭寇事蹟，留下馬祖少數參與古代防倭戰役的歲月痕跡。

**戰爭和平紀念公園主題館**
◎開放時間：每日8:30~17:00

**東莒燈塔**
◎電話：(0836)89388，莒光遊客中心

05 穿越整座二重山所建的安東坑道。

06 馬祖酒廠為供應馬祖特產酒的主要產地。

## 東湧燈塔 東引知名地標

東湧（今東引鄉）燈塔，佇立在東引島東北突出的世尾山山腰上，塔區以東湧燈塔為主，附屬之房舍以梯階和通廊連繫，興建於清光緒30年，被列為三級古蹟，為當年導引閩海來往船隻的航標，守護東引的百年燈塔，已然成為東引最引人矚目的地標。

## 安東坑道 柳暗花明又一村

穿越整座二重山所建的安東坑道，和「地下碼頭」著稱的北海坑道不同。安東坑道是當年部隊集結時所使用的戰備坑道，其中完整保留軍事基地配置。入口處30度的斜坡、400多層的階梯步道，是勇闖安東坑道最大的體力考驗，盡頭卻有著另一片柳暗花明的風景。原為防禦戰事而設的坑道，如今成為欣賞東引谷灣式海岸的最佳平台，也是夏季賞鷗之地。

## 馬祖酒廠 戰地飄酒香

馬祖酒廠位於馬祖復興村口的牛角嶺下，為目前供應馬祖特產酒的主要產地。馬祖特產酒釀製過程引用甘甜古井水，並窖藏於終年17度恆溫的八八坑道中，在穩定的溫度和濕度下發酵，令酒格外甘醇。東引則另設有東引分廠，生產以高粱酒為主的品項，包括大麴酒、高粱酒及陳年高粱等。

## 年度盛事之元宵擺暝

馬祖豐富的文化慶典，將馬祖在地文化再包裝，例如馬祖文化節、媽祖昇天祭、鐵板燒塔節及老酒文化節等串連而成，結合文化和觀光的大型慶典活動，則是近年來連江縣政府文化局積極推廣馬祖文化觀光的代表作，吸引不少遊客前來參加。

每年元宵舉辦的神明遶境、神轎巡行，鑼鼓喧天，也吸引許多在外遊子趁此佳節期間返鄉參與活動。但也因人口外移嚴重，連此年度元宵盛事也多尋求軍方支援，遊行隊伍中可見駐軍扮裝其中，成為戰地獨有的文化風景。

**東湧燈塔**

◎電話：(0836)77266，東引遊客中心

**元宵擺暝**

◎舉辦時間：每年農曆元宵節期間

## 吃在馬祖 美食大不同

道地的閩東美食是值得留念的旅行印記，老酒、東湧高粱、魚麵等，讓人唇齒留香。

### 馬祖老酒 開罈香百里 洗甕醉千家

漁民出海前總是先喝上一壺老酒以暖和身體。老酒由糯米加上紅麴發酵製成，以老酒料理的老酒麵線、老酒黃魚都是道地美味。紅糟是釀製老酒過程中的副食品，同樣成為入菜佐料，像紅糟鰻魚、紅糟雞、紅糟黃魚等。

### 手感魚丸、魚麵 滿滿魚之香

馬祖魚丸分大顆（有包肉餡）和小粒（無餡），吃得到魚肉鮮香，食用前撒上白胡椒粉及白醋提味。魚麵用剝皮去骨的新鮮魚肉絞成魚漿，加入太白粉揉搓壓成薄片，煎烤至半熟，切成細絲後，散開曬乾而成。

### 黃金地瓜餃 Q彈爽口

地瓜餃亦稱「黃金餃」，為馬祖一般家庭中常見的甜點。橙黃Q彈的外皮，地瓜香四溢。入口後滿嘴的紅糖、花生碎末、五香粉及少許的蔥花內餡，甜而不膩，可做成水煮甜湯、油炸點心，夏天亦可搭配冰品食用。

### 繼光餅 馬祖漢堡

傳說繼光餅由明朝將軍戚繼光所發明，讓士兵掛於胸前，做為行軍乾糧。變成常民飲食後，成為喜慶宴客時常見的佳餚，搭配海鮮及肉類、炒蛋等夾餡吃法，有「馬祖漢堡」之稱。

07 魚麵為馬祖常見的飲食。

08 紅糟排骨利用馬祖在地特產的酒糟入菜。

2009 臺灣文化觀光導覽手冊／黃才郎
策劃. -- 初版. -- 臺北市：文建會,
2008. 12
面； 公分
ISBN 978-986-01-6305-6（平裝）
1.臺灣文化 2. 文化觀光
733.4 97022472

| | |
|---|---|
| 2009 | 台灣文化觀光導覽手冊 |
| 發行人 | 黃碧端 |
| 出版者 | 行政院文化建設委員會 |
| 策 劃 | 黃才郎 |
| 執 行 | 游淑靜、周雅菁、詹淑慧 |
| 地 址 | 台北市北平東路30之1號 |
| 電 話 | （02）2343-4000 |
| 傳 真 | （02）2321-8771 |
| 網 站 | www.cca.gov.tw |
| 劃撥帳戶 | 行政院文化建設委員會員工消費合作社 |
| 服務電話 | （02）23434168 |
| 劃撥帳號 | 10094363 |
| 網路書店 | books.cca.gov.tw |
| 編輯製作 | 商周編輯顧問股份有限公司 |
| 總編輯 | 孫碧卿 |
| 編輯總監 | 黃怡蓓 |
| 資深編輯 | 王淑君 |
| 電 話 | （02）25056789分機5500 |
| 網 站 | www.bwc.com.tw |
| 製版印刷 | 詮美印刷事業股份有限公司 |
| 二 版 | 2009年1月23日 |
| 定 價 | 新台幣299元 |